hänssler

JESUS STYLE
— Tobias Faix —
Überraschend anders!

Tobias Faix, Jg. 69, verheiratet mit Christine
und Vater von zwei Töchtern (Aimée & Lilly),
war acht Jahre lang Pastor einer freien Gemeinde
im Schwarzwald und ist jetzt Dozent am
Marburger Bibelseminar, wo er unter anderem
auch Teenager- und Jugendarbeit unterrichtet.
Er arbeitet seit über 15 Jahren mit
Jugendlichen zusammen und hat mehrere
Bücher zum Thema Teenager-
und Jugendarbeit geschrieben.

2. Auflage 2008
Hänssler-Paperback
Bestell-Nr. 394.025
ISBN 978-3-7751-4025-6

© Copyright 2006 by Hänssler Verlag
im SCM-Verlag GmbH & Co. KG,
D-71087 Holzgerlingen
Internet: www.haenssler.de
E-Mail: info@haenssler.de
Umschlaggestaltung: Arne Claußen
Titelbild: digitalvision
Satz: Vaihinger Satz & Druck, Vaihingen/Enz
Druck und Bindung:
Druckerei Steinmeier, Nördlingen
Printed in Germany

Die Bibelstellen sind nach Neues Leben. Die Bibel,
© Copyright der deutschen Ausgabe 2002 und 2006 by
Hänssler Verlag, D-71087 Holzgerlingen, zitiert.

Den Teens und Jugendlichen der Gemeinde Eben Ezer,
die mir geholfen haben JesusStyle zu leben.

Zur Entstehung dieses Buches

JesusStyle entstand aus der Überlegung, wie wir als Teen- und Jugendkreis in St. Georgen unseren Glauben im Alltag besser leben können. Wir wollten nicht nur einmal die Woche »fromm« darüber reden, sondern wir wollten Jesus in unsere Clique, in unsere Schule und in unsere Familien mitnehmen. Wir waren und sind ein bunter Haufen von über 100 Teens und Jugendlichen und alle waren und sind verschieden. Da gab es die »Skater«, die »Hip-Hopper«, die »Schickis«, die »Normalos« und viele mehr. Beim Nachdenken, was uns verbindet, war die Antwort klar: Jesus! Alle kommen nur wegen ihm. Es geht nicht um die eigenen Styles, die sind o.k. und sollen und können auch bleiben. Was uns alle verbunden hat, war Jesus und sein Style. Daraus wurde dann JesusStyle, der Style, der nicht durch coole Klamotten, sondern durch coole Taten sichtbar wird. Wir begannen zu überlegen, wie der Style von Jesus in der Bibel aussah und was wir heute davon lernen können. JesusStyle ist kein Themenabend in der Jugend, sondern ein Lebensstil, den wir gemeinsam leben. JesusStyle ist kein »So musst du das aber machen, dann …!«, sondern eine Herzensveränderung. Deshalb läuft JesusStyle in St. Georgen immer noch bei vielen Jugendlichen und hat schon viele Früchte getragen. Diese positiven Erlebnisse mit Jesus sind der Grund, weshalb es dieses Buch geben soll. JesusStyle ist keine neue Idee, keine neue Wahrheit und schon gar keine »Endlich-klappt-es-mit-meinem-Christsein-Methode!«, sondern kann eine Anregung sein, Jesus ganz nachzufolgen!

Ich möchte mich herzlich bei allen Teens, Jugendlichen und Erwachsenen bedanken, die sich mit mir auf dieses Abenteuer eingelassen haben. Vieles in diesem Buch haben wir die letzten Jahre zusammen gelebt, und das hat meinen Glauben verändert. Danke dafür!

Ein besonderer Dank gilt Sandra, Christina und Theo, die ihren Style zu diesem Buch beigetragen haben.

Ein weiteres fettes Dankeschön gilt Jutta & Helen für die mühsame Arbeit, das Buch Korrektur zu lesen, und Ute Mayer für die gute Begleitung vom Hänssler Verlag.

JesusStyle wird am deutlichsten in der Familie, an dem Platz, an dem man niemanden mehr etwas vorspielen kann. Ich danke meiner Familie (Christine, Aimée & Lilly) für alle Geduld, Vergebung, Inspiration, Liebe und Begeisterung bei unserem gemeinsamen JesusStyle.

Tobias Faix, Winter 2005

JesusStyle · Inhalt

Inhalt

**Intro: JesusStyle –
Weil du es IHM wert bist!** ▪ 10

**Kapitel 1: JesusStyle –
Überraschend anders!** ▪ 14
Radikal: In seiner täglichen Herausforderung!
Kompromisslos: In seiner Liebe!
Echt: In seinen Beziehungen!
JesusWeek 1

**Kapitel 2: JesusStyle –
YourStyle?!** ▪ 30
Wem folgst du nach?
Was ist dein Leben wert? (Sandra Bubser)
Wozu lebst du eigentlich?
JesusWeek 2

**Kapitel 3: JesusStyle –
Werde, was du bist!** ▪ 41
(Christina Riecke)
Sei ein Original und keine Kopie!
Warum ausgerechnet du wichtig bist!
Wer bestimmt dein Handeln?
JesusWeek 3

**Kapitel 4: JesusStyle –
Mache, was Jesus kann!** ▪ 52
Weil Jesus mehr kann, als du glaubst
Tu, was du kannst! (Sandra Bubser)
Weil Jesus dein Denken verändern kann
JesusWeek 4

**Kapitel 5: JesusStyle –
Bock auf Bibellesen!** ▪ 66
Warum es sich lohnt, das Original zu lesen!
Die Top Ten der »Lustmacher«
Test yourself! »Das superkleine Bibelquiz!«
JesusWeek 5

**Kapitel 6: JesusStyle –
Mit Jesus per Du!** ▪ 79
Was heißt es, Jesus zu folgen?
Wohin mit deinem Müll?
Fühle den Herzschlag!
JesusWeek 6

**Kapitel 7: JesusStyle –
Auch wenn es hart kommt!** ▪ 90
(Theo Eißler)
Wenn ich Gott nichts mehr glaube!
Wenn ich mir selbst nichts mehr glaube!
Wenn ich ganz allein bin!
JesusWeek 7

INHALT · JESUSSTYLE

**KAPITEL 8: JESUSSTYLE –
IN SEINER FAMILY** ▪ 98

   Jesus & der Vater
   Jesus & der Heilige Geist (Christine Faix)
   Jesus & seine Gemeinde
   JESUSWEEK 8

**KAPITEL 9: JESUSSTYLE –
IN DEINER FAMILY** ▪ 111

   Family business is hard business!
   Nirgends gibt es mehr Zoff – auch bei Jesus!
   Family konkret – Was kann ich tun!?
   JESUSWEEK 9

**KAPITEL 10: JESUSSTYLE –
MIT DEINEN FREUNDEN** ▪ 120

   Wer eigentlich wem peinlich ist?!
   Deine Freunde können dein Leben entscheiden!
   Was Jesus für seine Freunde tat!
   JESUSWEEK 10

**KAPITEL 11: JESUSSTYLE –
IN DEINER SCHULE** ▪ 129

   Dein täglicher Überlebenskampf
   Warum Schule trotzdem Sinn macht!
   Schule – entdecke die Möglichkeiten!
   JESUSWEEK 11

KAPITEL 12: JESUSSTYLE – WORLDWIDE ▪ 139

   Jesus und die Armen
   Jesus und die Verfolgten
   Jesus und dein Auftrag
   JESUSWEEK 12

OUTRO: NICHT LESEN – LEBEN! ▪ 151

Anmerkungen ▪ 152

INTRO:

JesusStyle
. Weil du es IHM wert bist! .

Lass dich auf ein großes Abenteuer ein! Ehrlich, kompromisslos, radikal! Finde heraus, wer du bist und wer Jesus wirklich ist. Ich möchte dich zu einem Experiment über zwölf Wochen einladen. (Du kannst es auch kürzer oder länger machen, das ist nicht so entscheidend. Finde das Tempo, das gut für dich ist!) Ein Experiment, deinen eigenen Style (im Folgenden immer als YourStyle bezeichnet) zu überdenken und den JesusStyle richtig kennen zu lernen.

Was wäre, wenn du noch einen Tag zu leben hättest? Würdest du dann ganz relaxt so weiterleben wie bisher? Wenn nein, warum fängst du dann nicht jetzt an mit dem, was sich wirklich für dich lohnt. Warum machst du dich nicht auf, einen Style zu leben, der nicht von den Launen der Modemacher aus New York und Mailand, nicht von den Trends in Musik und Lifestyle abhängig ist. Lebe einen Style, den du nicht ständig an dir verändern musst, sondern der dich verändert! Finde einen Style, der unabhängig ist von deinen Klamotten, deinem Handy, deinen Freunden etc.

Du glaubst, das gibt es nicht? Ich will dich einladen auf eine gemeinsame Entdeckungstour durch das Leben von Jesus und seinen Style. Ich garantiere dir, dass dich das nicht kalt lässt, sondern deinen Style verändern wird! Versprochen!

Gleich vorneweg, es geht nicht darum, dass du versuchst, JesusStyle zu kopieren oder alles in diesem Buch nachzumachen. Es geht auch nicht darum, dass du ein »guter Christ« wirst, sondern es geht darum, Jesus in deinem Leben zu erleben, darum, dass du JesusStyle zu deinem eigenen Style machst. Es geht um dein Herz und nicht um Dinge, die man als Christ machen muss oder auch nicht! JesusStyle ist kein Gesetz, kein »so geht's« oder »wenn du das machst, dann klappt es garantiert mit deinem Christsein«! Nein – JesusStyle möchte, dass du Jesus und sein Verhalten besser kennen lernst und dass du deinen Style hinterfragst und Jesus ein Stück ähnlicher wirst. Nicht aus Zwang, nicht weil du musst, sondern weil du darfst und willst! JesusStyle ist eine Herzenssache! Es geht darum, dass dein Style ein Original ist und keine x-beliebige Kopie von irgendwelchen Medienmachern, die dir nur dein Geld aus der Tasche ziehen wollen!

Manches in diesem Buch wird dabei hoffentlich eine Hilfe sein, weil Jesus versprochen hat, dass er uns begegnet, wenn wir ihn suchen. Natürlich gibt es auch Dinge in diesem Buch, die du schon kennst oder die für dich nicht so wichtig sind. Das ist völlig in Ordnung, denn es geht nicht um das Buch, sondern es geht um dich, deine Persönlichkeit, deinen Style und deine Beziehung zu Jesus. Das ist das Wichtigste, da sollten deine Prioritäten liegen, alles andere ist alles andere! Vielleicht ist dir dieses Buch auch lästig beim Lesen, vielleicht zu persönlich, vielleicht trete ich dir auch zu nahe. Das täte mir Leid, aber JesusStyle ist etwas Persönliches, und wenn du das absolut nicht willst, dann lass es einfach bleiben. JesusStyle ist eine Möglichkeit, wie Glaube praktisch wird. Nicht die einzige und nicht die einzig wahre Möglichkeit, aber eine, die dein Leben auf den Kopf stellen kann, weil Jesus wirklich lebt – und das ist eine einzigartige Erfahrung, die ich dir von Herzen gönne! Jesus liebt dich, er hält dich für was ganz Besonderes. Du bist wertvoll in seinen Augen! Das ist sein Style!

Together ist besser!

Da JesusStyle nicht nur ein Buch ist, sondern wirklich ein Lebensstil, macht es Spaß, gemeinsam zu lesen und Dinge umzusetzen! Ich selbst las JesusStyle mit meiner Kleingruppe (fünf Jungs) zusammen. Wir haben die Wochenübungen gemeinsam umgesetzt und uns dann erzählt, wie es gelaufen ist. Wir haben uns gegenseitig ermutigt und ermahnt und sind so einen Teil gemeinsamen Weg mit Jesus gegangen. Das hat mich persönlich vorangebracht. Vielleicht kennst du eine Person, eine Kleingruppe, mit der du JesusStyle zusammen lesen und leben kannst, oder sogar mit dem ganzen Jugendkreis?

Echt sein – statt Doppelleben!

JesusStyle will dir helfen, deinen eigenen Style mit Jesus zu finden, keine Kopie zu sein, kein Abklatsch, sondern Original! Es ist nicht einfach, wenn du zu dir selbst und vor Gott ehrlich wirst.

Dieses Buch ist zum Mitmachen. Jesus will deinen Alltag verändern und dich stark machen, er möchte mit dir zusammen dein Leben gestalten, hineinsprechen, mitreden und bei dir sein, egal, was du gerade machst. JesusStyle ist wie Training für deine Beziehung mit Jesus. Deshalb gibt es nach jedem Kapitel eine herausfordernde Übung, in der es genau darum geht:

- **YourStyle**: Hier wird dein Style, dein bisheriges Leben hinterfragt: Wie lebst du? Was ist dir wichtig? Wie triffst du Entscheidungen? Etc.
- **JesusStyle**: Hier wird der Style von Jesus hinterfragt: Wie hat er gelebt? Was ist ihm wichtig? Wie trifft er Entscheidungen? Und was ist dabei für dein Leben wichtig? Was kannst du von Jesus für deinen Alltag lernen? Wo macht dich JesusStyle stark?
- **JesusWeek**: Hier kommt beides zusammen! JesusWeek ist eine Übung, in der du das Gelesene ganz praktisch umsetzen kannst! JesusWeek gibt es für jede Woche (nach jedem Kapitel). Sie soll dir helfen, die Herausforderungen von dem, was du gelesen hast, auch in deinen Alltag umzusetzen. Nur dann macht es auch wirklich Sinn und wird etwas in deinem Leben verändern! JesusWeek ist sozusagen Training für deine Seele und hilft dir, deinen JesusStyle einzuüben und zu trainieren.

JesusStyle im Internet

Dieses Buch ist nur ein kleiner Teil von JesusStyle. JesusStyle ist viel mehr und viel größer, als dass man ihn in ein paar Seiten beschreiben könnte! Deshalb gibt es eine Internetseite (www.jesusstyle.de), in der es noch vieles mehr über JesusStyle zu entdecken gibt und in die du deine Erfahrungen, Anregungen, Kritik zu JesusStyle einbringen kannst! Ich bin gespannt auf deine Erfahrungen und deine Reaktion!

Also, mach dich auf zu einer **Reise**,

die **DEIN LEBEN VERÄNDERN** kann.

Das wird **herausfordernd**,

das wird **spannend**,

das wird **echt cool**.

Schnall dich an und leg los!

Kapitel 1:
JesusStyle
. Überraschend anders! .

»Ich habe euch
ein Beispiel gegeben,
dem ihr folgen sollt.
Tut, was ich für euch
getan habe.« Johannes 13,15

»Ich bin Jesus
näher gekommen und
ich habe mich in Bezug
auf meine Mitmenschen
verändert.«
Ramona, 15 Jahre

Radikal:

In seiner täglichen Herausforderung!

»Ich mache nicht alles mit und versuche meinen Glauben vorzuleben.« Bän, 22 Jahre

JesusStyle kann nur gelebt werden, aber dann musst du aufpassen, da Jesus dein Leben verändern wird! Überlege dir gut, ob du das wirklich willst! Es haben bei Jesus immer viele Leute zugehört, es sind ihm Tausende nachgefolgt, aber nur wenige haben das gemacht, was er vorgelebt hat!

Jesus als Vorbild?

Heißt JesusStyle, dass du so werden sollst wie Jesus? Dass du auch so einen starken Charakter bekommen sollst? Dass du so kompromisslos und doch so liebevoll sein sollst wie Jesus? Die Antwort ist ein klares Jein! Bei allem vorbildhaften Verhalten von Jesus dürfen wir eines nie vergessen: Er war zwar ganz Mensch, so wie du und ich, aber er war auch ganz Gott! Das heißt, er hat völlig ohne Sünde gelebt. Und wenn wir ehrlich sind, bekommen das die wenigsten von uns hin! Das heißt, dass wir immer sündigen werden und sozusagen von der Schwerkraft der Sünde täglich zu Boden gezogen werden!

Unsere Gedanken, unsere Gefühle und unsere Taten sind von der Sünde verseucht, und wir fallen immer wieder. Aber wenn wir Gottes Kinder sind und einen JesusStyle leben, bedeutet das, dass Jesus uns vergibt und wir dadurch in seinen Augen perfekt und rein sind! Das ist unglaublich, aber wahr! Auf der einen Seite sind wir Sünder – und das sieht man bei uns auch jeden Tag (jedenfalls bei mir!). Auf der anderen Seite sind wir durch die Vergebung von Jesus ganz rein und perfekt! Genau darin besteht aber eine riesige Spannung, und in dieser Spannung bewegt sich dein JesusStyle! Jesus ist darin Vorbild, uns in der Verbindung mit Gott immer mehr zu verändern. Durch sie wird unser Herz dem Herz von Jesus ähnlicher. Das hat dann Auswirkungen auf unsere Gedanken, unsere Gefühle und unsere Taten! Aber wir werden immer auf dieser Erde leben und immer von der Sünde nach unten gezogen werden. Das bleibt uns leider nicht erspart, erst wenn Jesus wiederkommt und wir mit ihm im Himmel die größte aller Partys feiern werden. Aber bis dahin werden wir noch einiges zu durchkämpfen haben.

Wer war Jesus wirklich?

Das Leben von Jesus war super spannend und das Leben mit ihm heute ist es immer noch! Aber es gibt einen großen Unterschied: In unserer Zeit gibt es Leute, die alles über Jesus und sein Leben wissen. Sie kennen alle die spannenden Geschichten und sitzen jeden Sonntag in der Kirche und sagen: »Ja, das ist spannend.« Dabei gähnen sie und denken ans Mittagessen. Das verstehe ich nicht unter Christsein. Ich rede davon, mit Jesus zu leben, nicht alles über seinen Style zu wissen, sondern ihn zu leben, ihn in jeder Minute unseres Alltags umzusetzen! Es ist spannend, nicht nur die Theorie zu kennen, sondern die Praxis zu leben!

Wenn du zu mir kommst und in meinem Müll rumwühlst, kannst du sicher einiges über mich erfahren, aber so richtig kennen lernen wirst du mich nicht. Dazu musst du schon klingeln, reinkommen und mit mir reden, mit mir Zeit verbringen! Erst dann lernst du mich kennen! Ich kenne zu viele Leute, die nur im Abfall Gottes rumwühlen und sich nicht direkt mit Gott beschäftigen. Doch dann sagen sie, die Sache mit Gott sei nichts für sie.

Lerne Jesus richtig kennen, rede mit ihm, verbringe Zeit mit ihm!

Jesus verändert dein Herz!
Er will dir alles geben!

Versuche mal folgende Fragen ehrlich zu beantworten:
- Wem folgst du nach?
- Wer oder was ist dir total wichtig?
- Für was setzt du deine Zeit ein?
- Was darf dich etwas kosten?

Es ist doch komisch, dass es uns manchmal keine Probleme bereitet, zwei oder drei Stunden Fernsehen zu schauen, wir aber bei zwei oder drei Minuten Gebet oder Bibellesen versagen! Da kann doch etwas mit unserem Christsein nicht stimmen, oder?

Wem willst du folgen? Was wird dir durch Freunde, Zeitschriften oder Fernsehen vorgesagt, was du tun sollst? Was gerade hip und angesagt ist? An was orientierst du dich? Warum willst du die neuesten Klamotten oder das neue Handy wirklich haben? Weil *du* es willst? Oder weil es alle anderen auch haben? Oft trifft das Zweite zu – das geht selbst mir so, obwohl ich mittlerweile schon ein »alter Sack« bin. Trotzdem ist es mir oft wichtig, was meine Freunde oder meine Jugendlichen von mir denken!

Was heißt Christsein überhaupt?

- Ich gehe immer in die Kirche?
- Ich gehe immer in den Jugendkreis?
- Ich lese jeden Tag in der Bibel?

- Ich helfe meiner Mutter beim Abwaschen?
- Ich bin ein guter Mensch?
  (Was immer das auch heißt!?)

JesusStyle heißt 100 % Christsein!

100 % Christ ist nicht der, der all die schönen Etiketten trägt, die schönsten 100 %-Schriftzüge hat, immer strahlend lächelt und auf alles einen Bibelspruch weiß, sondern der, der Christsein in seinem Alltag lebt. Nicht fromme Sprüche, sondern fromme Taten machen einen JesusStyle aus! 100 % Christ heißt ein ganzer Lifestyle, nicht nur Sonntag- oder Samstagabend, sondern immer, wirklich immer mit Gott leben.

Es gibt ja viele Styles heutzutage, viele coole Sachen: Jeder versucht sich irgendwo anzuhängen, sich von anderen zu unterscheiden, seine Musik und seinen Sport, seine Arbeit und sein Outfit, seinen Style miteinander zu verbinden. Das ist o.k., ich habe überhaupt kein Problem damit, wenn es nicht zum Lebensinhalt wird. Klamotten können dich nicht retten, können deine Seele nicht anziehen. Das sind alles nur Äußerlichkeiten – völlig in Ordnung, aber für deine innere Sehnsucht unbrauchbar!

Es gibt nur einen JesusStyle! Der will dich von innen heraus verändern!

> ### Biblisches Beispiel: Lukas 18,18-23
>
> *Ein führender Mann des jüdischen Volkes stellte Jesus einmal folgende Frage: »Guter Meister, was muss ich tun, um das ewige Leben zu bekommen?« »Warum nennst du mich gut?«, fragte Jesus ihn. »Nur Gott ist wirklich gut. Doch du kennst die Gebote: ›Du sollst nicht die Ehe brechen. Du sollst nicht töten. Du sollst nicht stehlen. Du sollst keine Falschaussage machen. Ehre deinen Vater und deine Mutter.‹« Der Mann erwiderte: »Seit meiner Kindheit habe ich diese Gebote alle befolgt.« »Es gibt noch eines, das dir fehlt«, sagte daraufhin Jesus. »Verkaufe alles, was du hast, und gib das Geld den Armen, und du wirst einen Schatz im Himmel haben. Dann komm und folge mir nach.« Als der Mann das hörte, wurde er traurig, denn er war sehr reich.*

Nach außen war alles super! Hat alles gestimmt, aber innen nicht! Das Herz, die Sehnsucht, das Verlangen nach Leben, wurde nur durch kurzfristigen Erfolg mit Geld gestillt. Der Mann hat alle Gebote gehalten, da könnte man doch denken, dass er ein richtig guter Christ ist, oder? Wer kann schon von sich behaupten, alle Gebote zu halten? Aber genau hier kommen wir an den springenden Punkt, es geht bei Jesus und bei seinem Style nicht um Perfektion, nicht um Moral, nicht darum, eine Norm zu erfüllen, sonst hätte der junge Mann ja alles richtig gemacht. Nein, bei Jesus geht es um das Herz, es geht darum, was dir im Leben richtig wichtig ist. Bei dem jungen Mann war es das Geld. Das Geld hat sein Herz gefüllt, das war ihm am wichtigsten, »denn er war sehr reich« steht in der Bibel. Geld hat seinen Style bestimmt, da konnte er keine Kompromisse machen. Deshalb wurde er traurig, denn er war reich und sein Geld wollte er nicht hergeben!

Vielleicht denkst du jetzt: »Glück gehabt, meine paar Kröten gebe ich Jesus gerne!« Aber hier geht es nicht um Geld, sondern um das, was den größten Platz in deinem Herzen einnimmt. Das, was deinen Style bestimmt, das, was dir am wichtigsten ist, was du selbst für Jesus nicht aufgeben möchtest. Fällt dir schon etwas ein? Egal, in den folgenden Kapiteln wirst du manchmal an den Punkt kommen, an dem du dich auch entscheiden musst, was dir wirklich wichtig ist! Jesus sucht keine perfekten Superfrauen und Supermänner, sondern er sucht Menschen, die ihm kompromisslos nachfolgen wollen!

Jesus selbst hat seinen Style als Beispiel für seine Nachfolger gelebt. Deshalb ist es wichtig, Jesus richtig kennen zu lernen, denn dann wirst du echt überrascht sein, wie Jesus wirklich ist.

Wer war Jesus? Wie war sein Style?

- Er konnte sanft und liebevoll sein, kümmerte sich um die Kranken, Ausgestoßenen!
- Er konnte auch wild und entschlossen sein, zog sein Ding durch, egal was die anderen gesagt haben!
- Jesus war manchmal auch hart, er hat die Pharisäer heftig beschimpft und die Geschäftsleute mit der Peitsche aus dem Tempel gejagt!
- Jesus war nicht so einfach zu durchschauen. Manche hassten ihn, andere sind ihm tagelang hinterhergezogen!
- Jesus hat die Trends gesetzt! Jesus hat den Style angegeben! Er hat sich nicht an anderen Styles orientiert. Er hat alle beeindruckt, nicht er ist hinterhergelaufen, sondern die Leute sind ihm hinterhergelaufen!
- Jesus war radikal! »Verlasst alles und folgt mir nach!«
- Jesus war gerecht! Er hat sich gegen alle Ungerechtigkeit gewehrt.
- Jesus war sanftmütig! Er hat vergeben und sich um seine Nachfolger gekümmert.
- Jesus war anders. Viele haben ihn nicht verstanden.
- Jesus hat begeistert! Tausende sind ihm nachgefolgt.
- Jesus war kompromisslos bis zum Tod.

Nimm dir doch mal etwas Zeit um noch ein paar Charaktereigenschaften von Jesus herauszufinden. In der folgenden Tabelle stehen immer ein Stichwort und eine Bibelstelle. Lies einfach mal die Bibelstelle nach und mache dir ein paar Notizen dazu, wie du Jesus siehst und was du von ihm lernen kannst:

aufmerksam und rücksichtsvoll	Johannes 2,1-11	
zornig und heilig	Johannes 2,13-22	
klug Menschenkenner	Johannes 2,23-25	
weiß, was man sich wünscht durchschauend	Lukas 19,1-10	
feinfühlig allmächtig	Lukas 8,40-48	
erbarmungsvoll voller Mitleid	Matthäus 9,35-38	
zartfühlend ehrbar	Johannes 12,1-8	
gütig ehrlich	Johannes 4,7-27	
vergebend sicher	Johannes 8,1-11	

Kompromisslos:
In seiner Liebe!

»JesusStyle unterstützt das, was ich zu leben versuche, nämlich Jesus überall und immer mitzunehmen.«

Johannes, 15 Jahre

Jesus ist in seiner Liebe treu: 100 %! Darauf kannst du dich verlassen! Das ist das Besondere an ihm. Er hat dich rausgesucht, er hat sich für dich entschieden, weil er dich super findet! Aber er hat auch Respekt vor dir, er zwingt dich nicht etwas zu tun, was du nicht willst, oder gar ihn zu lieben. Manche Menschen haben eine sehr verschobene Ansicht von Jesus. Sie denken, sie müssen ihn lieben, damit sie in den Himmel kommen, aber das ist Blödsinn. Liebe lässt sich nicht erzwingen, sondern sie ist immer freiwillig, sie gibt sich immer aus freiem Willen dem anderen hin! Jesus wirbt um dich. Er hat alles für dich getan, weil er dich liebt. Du kannst diese Liebe erwidern oder du kannst es sein lassen!

Aber wie sieht diese Liebe nun aus?

Sie zeigt sich in seiner bedingungslosen Annahme von dir. Jesus findet dich gut, so wie du bist. Egal was alle anderen von dir denken, was andere an dir megablöd finden oder du selbst an dir hasst! Jesus sagt, dass du, so wie du bist, zu ihm kommen kannst. Er ist nicht nur an deiner Schokoladenseite interessiert, sondern auch an den Seiten, die du anderen nicht so gerne zeigst: deine Selbstzweifel, deine Zweifel, deine Feigheit so zu sein, wie du eigentlich bist! Jesus war immer ehrlich und ist immer ehrlich mit den Leuten umgegangen. Das hat ihn so besonders gemacht, egal ob das Betrüger waren, Pfarrer, Prostituierte oder einfache Arbeiter. Seine Liebe zu den verschiedenen Menschen macht keine Unterschiede. Er beurteilt niemand nach seinem Äußeren oder nach dem, wie er von anderen gesehen wird! Seine Liebe hat sich nie von Äußerlichkeiten beeindrucken lassen, sondern Jesus hat immer auf das Herz geschaut. Jesus wusste, was die Leute bewegt, was sie wirklich interessiert hat, er kannte ihren Durst nach Leben. Er wusste, was sich jede und jeder wirklich wünschte, wo die eigentlichen Sehnsüchte lagen. Das war an Jesus so faszinierend. Da gibt es noch etwas, was die Liebe von Jesus so einzigartig macht: seine Vergebung.

Manchmal geht es mir so, dass ich die Geschichte von Jesus und der Liebe Gottes schon so oft gehört habe. Ich glaube sie, aber sie berührt mich gar nicht mehr im Herzen. Dann ist es gut, dass ich wieder daran erinnert werde. So ist es mir vor ein paar Jahren gegangen. Damals habe ich Stuart McAllister von Operation Mobilisation (OM) vom Flughafen abgeholt und ihm ist folgende Begebenheit passiert, die mir neu vor Augen geführt hat, was Gottes Liebe für mich bedeutet:

Er war auf dem Flug zurück von Amerika nach Deutschland, als er im Flugzeug ein kleines Mädchen, etwa 6-7 Jahre alt, beobachtete. Sie war ziemlich vergnügt und sah in ihrem braun-weiß-gepunkteten Kleidchen zu süß aus. Er hörte sie immer wieder singen: »Ich freue mich auf meinen Papi, ich freue mich auf meinen Papi.« Das Mädchen schien allein zu fliegen, die Stewardessen kümmerten sich ein wenig um die Kleine. Aber sie war nicht allein. Die Passagiere waren angetan von der Kleinen, und so ging sie von einem zum anderen, bekam hier ein bisschen Schokolade und dort ein paar Chips. Kurz vor der Landung kam die Maschine in ein Luftloch. Es ist nichts weiter passiert, außer dass das kleine Mädchen alle ihre Leckereien auf ihr schönes Kleidchen erbrach. Die Stewardessen waren mit der Landung beschäftigt und die eben noch so entzückten Passagiere ekelten sich vor der jetzt übel riechenden Kleinen. In Frankfurt angekommen, wollte Stuart doch wissen, wer das Mädchen abholte. Also blieb er noch stehen, und sah einen sehr gut gekleideten Mann mit Aktenkoffer nach einer Weile auf den Ankunftsbereich zukommen. Das kleine Mädchen erkannte ihren Vater und begann, ihm freudig rufend entgegenzulaufen. Der Vater ließ seinen Aktenkoffer stehen und lief ihr entgegen. Stuart fragte sich, wie er wohl reagieren würde, wenn er erkannte, wie stinkend und ekelerregend seine kleine Tochter aussah. Aber der Mann lief unbeirrt auf seine Tochter zu, nahm sie in den Arm und drückte sie fest an sich. Stuart McAllister sagte mir darauf, genauso würde er sich Gottes Liebe zu uns vorstellen: Gott schaut nicht auf unsere Fehler, sondern er gab seinen Sohn, dass er für unsere Sünde stirbt und uns von allem Dreck reinigt. Diese Liebe Gottes ist der Maßstab für uns, und ich schäme mich, wenn ich daran denke, dass ich manchen Leuten am liebsten noch nicht mal die Hand geben will, nur weil mir irgendetwas an ihnen nicht passt. Jesus hat sein Leben für mich gegeben.

Jesus interessiert sich nicht für dein Äußeres und es geht ihm auch nicht in erster Linie darum, dass du jeden Tag verschiedene geistliche Übungen wie Gebet oder Bibellesen machst, sondern es geht ihm um dein Herz. Es geht ihm um Liebe, um das, was dir wirklich wichtig ist. Nicht um Pflichterfüllung, sondern um freiwillige Liebe. Liebe kann niemals erzwungen werden. Oder kannst du dir vorstellen, dass du die Liebe erzwingen kannst, so nach dem Motto: »Hey, ich halte dir ne Knarre an den Schädel und du liebst mich dafür!« Nein, so funktioniert das nicht. Jesus ist freiwillig auf diese Erde gekommen und er ist freiwillig für dich gestorben, weil er dich so liebt und möchte, dass du zum Vater kommst!

Der Ring – Zeichen seiner Liebe und Treue!

Auf diese Treue von Jesus kannst du dich vollkommen verlassen. Er liebt dich. Egal, was du gemacht hast – du kannst immer wieder zu ihm zurückkommen. Er wird dir vergeben und dich wieder in seinen Arm schließen. Zwei Verse, die mir da besonders wichtig sind, hat Paulus in seinem Brief an die Christen in Rom geschrieben (Römer 8,38-39):

Ich bin überzeugt: Nichts kann uns von seiner Liebe trennen. Weder Tod noch Leben, weder Engel noch Mächte, weder unsere Ängste in der Gegenwart noch unsere Sorgen um die Zukunft, ja nicht einmal die Mächte der Hölle können uns von der Liebe Gottes trennen. Und wären wir hoch über dem Himmel oder befänden uns in den tiefsten Tiefen des Ozeans, nichts und niemand in der ganzen Schöpfung kann uns von der Liebe Gottes trennen, die in Christus Jesus, unserem Herrn, erschienen ist.

Wenn es mir schlecht geht und ich an Gott und mir selbst zweifle, dann lese ich mir selbst diese Verse vor, weil sie mir echt viel Mut und die Gewissheit geben, dass Jesus mein Herr ist, dass seine Liebe und Treue größer sind als meine!

Manchmal vergesse ich das wieder und ich brauche eine Erinnerung daran. Das geht wohl ganz vielen Leuten so, dass sie im Alltagsstress oder in bestimmten Situationen Gott und seine Liebe vergessen. Deshalb hat Gott seinen Nachfolgern einen coolen Tipp gegeben: Wir sollen, die Aussage, dass Gott uns liebt und wir ihn lieben immer irgendwie als Erinnerung mit uns tragen (5. Mose 6,8-9):

Bindet sie zur Erinnerung um eure Hand und tragt sie an eurer Stirn, schreibt sie auf die Pfosten eurer Haustüren und auf eure Tore.

Das mit der Stirn ist ja schon cool, aber es käme doch irgendwie zu krass, sich »Jesus liebt dich« aufzutätowieren, oder? Aber die Aussagen ins Zimmer hängen und an die Hand, das finde ich super. Als wir JesusStyle bei uns im Teenkreis gemacht haben, haben wir uns deshalb einen JesusStyle-Ring machen lassen. Alle Jugendlichen und Mitarbeiter, die gesagt haben: »Wir wollen den JesusStyle leben.«, haben sich als Erinnerung einen JesusStyle-Ring machen lassen. Immer wenn wir jetzt vergessen, dass Jesus uns liebt, erinnert uns der Ring daran. Immer wenn ich Jesus untreu bin, erinnert mich der Ring daran, dass Jesus mir treu ist. Das gibt mir Kraft und Mut, mit Jesus im Alltag zu leben, egal in welcher Situation ich bin.

> Du bleibst an meiner Seite,
> du schämst dich nicht für mich.
> Du weißt, ich bin untreu,
> und dennoch gehst du nicht.
>
> Du stehst zu unserer Freundschaft.
> Obwohl ich schwierig bin, hältst du mir die Treue,
> gehst mit mir durch dick und dünn.
>
> Du bist treu, Herr, an jedem neuen Tag.
> Du bist treu, Herr, auch wenn ich versag,
> bist du treu, Herr. Unerschütterlich
> hält deine Treue mich, du bleibst mir treu.
>
> Tobias Gerster [1]

Ein Lied ist mir in schweren Zeiten wichtig geworden. Ich singe es dann, wenn ich eigentlich nichts mehr von dieser Liebe und Treue Gottes fühle. Es heißt: »Du bleibst an meiner Seite.« So wie der Ring keinen Anfang und kein Ende hat, so hat auch die Liebe Gottes für mich keinen Anfang und kein Ende. Jesus begleitet mich durch mein Leben!

Der »JesusStyle-Ring« hilft mir, das in meinem Alltag zu übertragen. Er hilft mir, mich daran zu erinnern, wenn die Situationen, in denen ich bin, schwierig sind und ich vergesse, dass Jesus gerade in diesen Situationen da ist. Wenn ich von Menschen, die mir wehtun, enttäuscht bin. Wenn ich von mir selbst enttäuscht bin, weil ich mir so viel vorgenommen habe und es wieder nicht geschafft habe, etwas zu verändern! »Der Ring« ist mein »Reminder« im Alltag. Er hat keine Kraft, es ist nichts Mystisches in ihm. Er verleiht keine Kraft, aber er erinnert mich daran, dass Jesus in jeder Situation meines Lebens bei mir ist, egal, wie gut oder schlecht sie manchmal ist!

 **YourStyle:**

Wo fange ich oft mit Jesus an, aber nach den ersten Schwierigkeiten falle ich wieder in alte Verhaltensmuster zurück?

• In welchen Situationen vergesse ich Jesus im Alltag?

 JesusStyle:

Danke, dass Jesus dir treu ist, dass seine Liebe für dich gilt, egal, was du gemacht hast oder wie es dir geht.

• Was für einen »Reminder« brauche ich? (Plakat im Zimmer, JesusStyle-Ring, Bildschirmschoner etc.)

Special:

Hol dir den JesusStyle-Ring

Auch du hast die Möglichkeit, dir den JesusStyle-Ring zu holen. Du kannst ihn bei folgender Adresse bestellen:
Juwelier Eichenlaub · Bärenplatz 1
78112 St. Georgen · Telefon (0 77 24) 64 22

Wichtig:

Deine Ringgröße! (Es gibt den Ring nur in geraden Größen, zum Beispiel: 46, 48, 50, 52 etc.)
Kosten: 21 € pro Ring plus Porto

Bilder vom JesusStyle-Ring und weitere Infos bekommst du unter der Homepage: www.JesusStyle.de

Echt:
In seinen Beziehungen!

»JesusStyle bedeutet für mich, dass Jesus überall mit mir hingeht und ich mein Leben nicht alleine bewältigen muss. Er hilft mir und ich versuche, ihm Stück für Stück näher zu kommen.« Helen, 17 Jahre

Jesus ist ein echter Beziehungsmensch. Das war ihm zu Lebzeiten total wichtig und das ist es ihm auch heute noch! Er hat die Menschen um sich herum immer ernst genommen, war nicht an den Äußerlichkeiten interessiert, sondern immer an den echten Gefühlen. Während andere sich bemüht haben, gut anzukommen, hat Jesus auf das Herz geachtet, ihm war das Ansehen nicht wichtig. Das hat eine Menge Ärger gegeben. So hat er sich mit Prostituierten abgegeben, mit Ausländern, mit Kranken oder von der Gesellschaft Verstoßenen. Er hat sich Nachfolger ausgesucht (Jünger genannt), die er ausgebildet hat und mit denen er drei Jahre durch ganz Israel gezogen ist. Das waren nicht die beliebtesten Supermänner der damaligen Zeit, sondern »Normalos«: Fischer (wie Johannes oder Andreas), Querdenker (wie Simon) oder Außenseiter (wie Matthäus)! Jesus war es nicht wichtig, was das Volk über seine Nachfolger dachte, sondern was er über sie dachte. Er hat sie mit in seine Arbeit hineingenommen, hat sie zurechtgewiesen (beim Streit, wer der Größte und Wichtigste unter ihnen war), ihnen beigebracht, wie man betet (Matthäus 6,5-15) oder sie gelehrt, wie sie sein Reich ausbreiten können (Aussendung der 12 Jünger, um eigene Erfahrungen zu sammeln; Matthäus 9,1-6). Sein Ziel war es, dass die zwölf seinen Auftrag später, wenn er wieder zum Vater zurückgekehrt sein würde, weiter ausführen sollten. Die Jünger haben Jesus manchmal miss- oder gar nicht verstanden, aber Jesus hatte Geduld mit ihnen. Jesus begleitete sie drei Jahre lang und lehrte sie seinen JesusStyle. Das Herz zählt, nicht das Ansehen. Jesus hat sie immer wieder herausgefordert, ihm zu vertrauen, auch wenn das scheinbar unmöglich erschien.

Wir Menschen brauchen Beziehungen, ohne können wir nicht leben! Wir sind Gefühlsmenschen, sicher, wir können es für eine gewisse Zeit unterdrücken, dem einen fällt das leichter, dem anderen nicht. Aber wir können nicht ohne leben. Wir sind abhängig von Beziehungen!

Mach den Bauchnabeltest

Jeder von uns hat einen Bauchnabel. Du kannst dich gerne selbst überzeugen! ☺ Von Geburt an: Abhängig! Erst direkt von der Mutter durch eine Nabelschnur, die uns leben lässt. Aber jetzt sind wir auch abhängig, durch eine unsichtbare Nabelschnur in Form von Beziehungen zu unserer Familie, Freunden und natürlich Jesus. Er möchte eine echte Beziehung zu uns aufbauen, die was aushält, auch wenn Dinge schief gehen, die hält, auch in Krisenzeiten. So wie Jesus seine Jünger immer wieder herausgefordert hat, ihm nachzufolgen und Erfahrungen mit ihm zu sammeln, so fordert er uns immer wieder raus, uns ganz auf ihn zu verlassen. Die Beziehung zu Jesus ist die Grundlage unseres Glaubens. Und wir dürfen da echt sein. Jesus alles sagen, was wir fühlen und denken. Und das geniale ist, dass Jesus uns Menschen gebraucht, dass er uns wie seine Jünger herausruft und dass er mit uns (Normalos) echt was Großes machen will. Dabei ist nicht wichtig, was alle Anderen über uns denken, sondern was Jesus über uns denkt!

Jesus besser kennenlernen

Dies war nur eine von vielen Begebenheiten, die Jesus mit seinen Jüngern erlebte. Jesus wollte, dass seine Jünger ihn und Gott, den Vater, besser kennenlernen und immer mehr von seiner Liebe durchdrungen werden sollten.

Jesus wusste, dass das Handeln seiner Jünger entscheidend von ihrem Charakter und von ihrer Christusähnlichkeit abhing. Deshalb nahm er sich sehr viel Zeit, aus den Jüngern starke und feste Persönlichkeiten zu machen. Grundsteine dieses Fundaments von Jesus waren:

- Sein vollkommener Gehorsam gegenüber Gott;
- seine tiefe Liebe zu seinen Nachfolgern;
- seine Fürbitte für sie;
- sein Vertrauen auf Gottes Wirken in ihnen;
- seine transparente Gemeinschaft;
- sein vorrangiges Interesse an ihrer Charakterbildung.

Jesus wusste, dass wahres geistliches Wachstum vor allem in Gemeinschaft und Beziehungen stattfindet. So gab es keine festes Schulungsprogramm, sondern eine Schule des gemeinsamen Lebens und Lehrens. Jesus ging es dabei immer darum, dass seine Jünger zu selbstständigen Persönlichkeiten heranwachsen, die einen eigenen Glauben haben. Deshalb hat Jesus auch so viel Zeit mit ihnen verbracht! Heute ist es nicht anders. Jesus möchte Zeit mit dir verbringen. Er möchte eine Beziehung zu dir aufbauen. Du sollst dich von Jesus prägen lassen, seine Gedanken erkennen und somit wissen, was gut für dich und die Menschen um dich herum ist. Das geschieht nicht per Knopfdruck, sondern ist ein langsamer, aber stetiger Prozess der Veränderung. JesusStyle ist keine 5-Minuten-Terrine, kurz heiß Wasser drauf, umgerührt und fertig, sondern ein Lebensstil, der jeden Tag reifen muss!

J. Stalken drückt das, was die Jünger von Jesus gelernt haben, folgendermaßen aus:[1]

»Für die Zwölf bestand der wertvollste Aspekt ihrer Verbindung mit Christus einfach in dem Vorrecht, mit Ihm zu sein – Tag für Tag jenes wunderbare Leben zu sehen und täglich still, fast unbemerkt, von Seinem Charakter geprägt werden zu können.«

 YourStyle:

- Was hast du Jesus zu geben? Kommt dir das auch zu wenig vor? Kommst du dir zu unwichtig und zu klein vor? Denkst du manchmal: »Ach Jesus, der kann doch mich nicht gebrauchen«? Es kommt nicht auf die Menge an, sondern darauf, dass du Jesus das gibst, was du hast.

- Wo denkst du, dass du nicht brauchbar bist für Jesus?

- Wo tust du nur, was du dir vorstellen kannst?

♥ JesusStyle:

- Jesus hat von seinen Jüngern nichts Unmögliches verlangt, das Wunder hat er selbst getan. Jesus wollte »nur«, dass sie ihm glaubten und ihm das zur Verfügung stellten, was sie wirklich hatten.

- Was kannst du Jesus geben? Zeit? Begabungen? Einsatz?

- Wo kannst du Jesus gehorsamer sein?

JesusWeek 1

Überraschend anders!

 YourStyle:

- Was brauchst du zum Leben? Welche Dinge, Umstände, Situationen oder Personen liebst du in deinem Leben, brauchst du sozusagen, um überhaupt zu »überleben«?
Schreibe sie auf und dann tausche dich möglichst mit anderen darüber aus.

♥ JesusStyle:

Als Jesus angefangen hat in Israel zu predigen und den Menschen von Gott zu erzählen, gab es die verschiedensten Reaktionen. Viele waren begeistert, manche haben sich geärgert und andere haben es nicht verstanden. Einige wollten es jedoch genauer wissen und sind Jesus nachgefolgt. Sie sind mit ihm gereist, um ihn besser kennen zu lernen. Und dann gab es noch etwas ganz Besonderes: Jesus hat ein paar Leute um sich herum geschart, die er extra angesprochen hat, dass sie mit ihm reisen, mit ihm von Gott erzählen und alles lernen sollten, was er ihnen beibringen wollte.

Jesus hat seine Jünger berufen und sie sind ihm nachgefolgt. Sie haben ihr Leben aufgegeben, weil sie Jesus vertraut haben, dass er was Besseres aus ihrem Leben macht! Eigentlich der Wahnsinn, oder??

Lies: Matthäus 4,18-22
Jesus beruft seine Jünger

Der gute Petrus oder Jakobus wussten ja überhaupt nicht, was auf sie zukommt! Was sie wohl alles riskieren müssen? Aber sie haben alles aufgegeben und sind Jesus nachgefolgt!

Überlege dir mal, was im Kopf von Petrus alles los war, als Jesus ihn gefragt hat, ob er mit ihm leben wolle? An was hat er wohl alles gedacht?

_____
_____
_____

Schreibe auf, was die Jünger alles riskiert haben, was sie alles für Jesus aufgegeben haben:

_____
_____
_____

Wenn Jesus dich heute rufen würde, was würdest du aufgeben? Was würdest du nicht aufgeben wollen? Schreibe auf warum!

_____
_____
_____

JesusWeek:

Das will ich versuchen, diese Woche zu ändern:

Suche dir aus YourStyle oder aus der letzten Frage einen Punkt aus und bete diese Woche jeden Tag 5 Minuten dafür, was Jesus mit diesem Punkt in deinem Leben zu tun hat! Bete, dass Jesus dir sagt, was für eine Bedeutung dieser Punkt hat und was für eine Bedeutung Jesus genau dort in deinem Leben hat. Bete, dass Jesus dir seinen Style zeigt!!

Mein Gebetspunkt für diese Woche ist:

_____
_____

Mo:❏ Di:❏ Mi:❏ Do:❏ Fr:❏ Sa:❏ So:❏
(Hier kannst du jeden Tag ankreuzen, ob du für deinen »Gebetspunkt« gebetet hast!)

Kapitel 2:

JesusStyle
.YourStyle?!.

»Denkt nicht an weltliche Angelegenheiten, sondern konzentriert eure Gedanken auf ihn!«
Kolosser 3,2

»JesusStyle hilft mir, meine Fehler besser zu erkennen und mich wirklich verändern zu lassen.«
David, 16 Jahre

YOURSTYLE?! · JESUSSTYLE

Wem folgst du nach?

»JesusStyle ist Lebensstil und damit ist jeder Tag eine neue Chance.« Wolfgang, 48 Jahre

Eine einfache Frage? Ja, natürlich folgen wir Jesus, aber wie oft kommen wir in Situationen, in denen uns das sogar peinlich ist? Hast du das schon mal erlebt? Es ist so leicht, zu sagen, dass einem der JesusStyle wichtig ist, aber es ist manchmal auch echt schwer, das zu leben. Ich bin Pastor einer Gemeinde und selbst mir geht es manchmal so.

Ich erinnere mich an eine Situation vor einiger Zeit: Ich war auf einer Einweihungsparty in Stuttgart eingeladen. Die Hälfte der Gäste kannte ich und die andere Hälfte war mir unbekannt. Na ja, so gegen 0:00 Uhr war die Stimmung etwas abgeflacht und in der Küche hatte sich eine kleine Männerrunde gebildet. Wir kannten uns nicht und so kam kein so richtiges Gespräch auf. Nach einer Weile schlug einer vor, dass wir uns doch kurz vorstellen sollten, damit wir uns besser kennen lernen würden. Also sagte jeder seinen Name und Beruf. Der Erste war Arzt, der Zweite Informatikstudent, der Dritte Sozialpädagoge und der Vierte war ich: Pastor einer Freikirche, die Eben Ezer heißt. Schweigen! Entschuldigung, was? Ähh, ja also. Versuch der Erklärung. Mein Herz fing an zu pochen und ich wusste noch nicht einmal richtig warum. Die Augen der drei wurden immer größer und ich wurde immer kleiner! Einer entgegnete dann noch, dass er in einer Esoterikgruppe sei. Ich habe mich wirklich über mich selbst geärgert. Warum um alles in der Welt war ich so unsicher, warum war mir diese Situation so unendlich peinlich? Ich bin doch sonst nicht auf den Mund gefallen! Ich weiß zwar, wie gut mir Gottes Nähe tut, wie Gott mich zum Positiven verändert, und trotzdem fällt es mir schwer, das Geschenk seiner Liebe an die Menschen um mich herum weiterzugeben. Das Gespräch verlief dann, dank Gottes Gnaden, wirklich noch recht gut. Aber ich habe mir fest vorgenommen, dass ich besser auf solche Situationen vorbereitet sein muss.

Die Frage ist: Was prägt mich wirklich? Welche Einflüsse lasse ich in mein Leben hinein? Ich hatte vor einiger Zeit ein Gespräch mit einem 17-Jährigen, der mich gefragt hat, warum er geistlich nicht vorankommt. Er liebt Jesus echt und kommt in die Jugendgruppe etc., aber irgendwie funktioniert das bei ihm nicht. Nach einigen Gesprächen kamen wir auf die Zeitfrage und die Prioritäten in seinem Leben. Er sagte, dass für ihn Jesus die Nummer 1 sei, aber dass er leider kaum Zeit habe, neben Schule, Fußball etc. viel Zeit mit ihm zu verbringen. Dann habe ich ihn gebeten, mal einen Wochenplan zu erstellen, das heißt, jeden Tag jede Minute aufzuschreiben, was er macht. Das Ergebnis war für uns beide interessant: Im Durchschnitt hat er vier Stunden am Tag ferngesehen! Das hat sein

Leben geprägt – Soaps und anderer Fernsehmüll! Da ist seine Zeit geblieben und da lagen seine Prioritäten.

Manchmal muss man vor sich selbst und vor Gott ehrlich werden, seinem eigenen Style ins Auge blicken, bevor man etwas verändern kann.

Paulus schrieb in *Römer 12,1-2*:

Weil Gott so barmherzig ist, fordere ich euch nun auf, liebe Brüder, euch mit eurem ganzen Leben für Gott einzusetzen. Es soll ein lebendiges und heiliges Opfer sein – ein Opfer, an dem Gott Freude hat. Das ist ein Gottesdienst, wie er sein soll. Deshalb orientiert euch nicht am Verhalten und an den Gewohnheiten dieser Welt, sondern lasst euch von Gott durch Veränderung eurer Denkweise in neue Menschen verwandeln. Dann werdet ihr wissen, was Gott von euch will: Es ist das, was gut ist und ihn freut und seinem Willen vollkommen entspricht.

Es passiert so schnell, dass wir uns den Maßstäben der »Welt« anpassen. Alle in meiner Klasse tun das doch, also mach ich es auch! Gerade in den Medien wird uns viel Schrott vorgegaukelt und das beeinflusst uns, ob wir es wahrhaben wollen oder nicht. Jesus bietet uns an, unser Denken Stück für Stück umzuwandeln. Dafür muss zum einen unsere Bereitschaft da sein, Altes loszulassen und zum anderen müssen wir uns mit dem beschäftigen, was gut für uns ist. Dann können wir immer besser den Willen Gottes für unser Leben erkennen.

 **YourStyle:**

- Wo haben sich bei mir Verhaltensweisen eingeschlichen, die schlecht für mich sind?

- Wo habe ich Freunde, die mich von Gott wegbringen?

- Wo bin ich unehrlich zu mir selbst?

♥ **JesusStyle:**

- Was kann ich tun, damit Jesus mich prägt?

- Wo möchte ich in meinem Tagesablauf Jesus konkret Zeit geben (Gebet, Bibellesen etc.)?

Was ist dein Leben wert?
(Sandra Bubser)

»Das ganze Leben hat sich verändert, ich weiß jetzt, wo ich hingehöre. JesusStyle hilft mir in allen Situationen meines Lebens.« Sarah, 16 Jahre

Du bist cool. So richtig. Und du legst dich dafür voll ins Zeug, denn du bist nicht nur ein bisschen cool, sondern mit allem, was du hast und bist: dein Outfit zeigt deinen persönlichen Style. Deine Freundinnen umschwärmen dich. Deine Frisur ist immer trendy. Und um dein Zimmer beneiden dich alle … Mit Ausnahme von deiner Schwester. Sie denkt dich wirklich zu kennen, hält dich deshalb für zickig und ungeschickt!

Oder ganz anders. Stell dir vor, du gehst jeden Morgen in deine Schule, nur um mal wieder bestätigt zu bekommen: du bist einfach peinlich! Der Mathelehrer präsentiert dir die nächste Fünf. Deine Klamotten passen nicht zur Clique des Jungen, auf den du stehst. Und deine Mutter gibt dir nach der Scheidung von deinem Vater ohne Worte, aber unmissverständlich zu verstehen: du störst! Nur deine Freundin hält zu dir. Sie mag deine super ehrliche Art und dein feines Gespür, wenn es anderen schlecht geht.

Kennst du das Gefühl, wenn du dein Bestes gibst und das nicht genug ist? Egal wie du etwas machst: andere sind schneller, besser, schöner, klüger … Solange noch jemand an dich glaubt und ein paar gute Dinge an dir sieht, bleibt die vage Vermutung, dass du doch kein hoffnungsloser Fall bist. Aber wehe, es kommt einer daher, der dir wieder mal einen deiner sorgfältig getarnten Schwachpunkte vor Augen schleudert. Du fühlst dich bestätigt und es beweist dir: Ich bin einfach scheiße! Beruhigt es dich, wenn ich dir sage, dass du völlig normal bist? Wir Menschen sind so gestrickt. Wir vergleichen uns mit anderen und fühlen uns am Schluss besser oder schlechter. Das ist das eine. Das andere ist aber, dass wir jemanden betrachten und ihn mit uns vergleichen. Dabei schneiden sie besser oder schlechter ab und wir legen ganz unbewusst eine Top Ten von Leuten an. Wir werden entweder neidisch auf schöne Eigenschaften wie Freundschaften gestalten. Oder wir beginnen ihre Fehler zu kritisieren: »Ständig siehst du alles von der negativen Seite!«, oder: »Du musst wohl immer deinen Kommentar ablassen?!«

Und ich? Es ist, als würde ich im Schwimmbad jemanden unter Wasser tauchen. Er wird kleiner und ich wirke dabei größer. Meine Worte, mit denen ich den anderen kritisiere, machen ihn runter! Dabei wirke ich größer und stehe scheinbar besser da. Hast du das nötig? Ich kenne einen, der es sich echt erlauben könnte, seine

JesusStyle · YourStyle?!

Überlegenheit zu betonen, es aber nicht nötig hat: Jesus. Der hatte keine lästigen Macken, war nicht zickig oder peinlich. Wenn sich jemand an die Spitze der eigenen Top Ten stellen könnte, dann er! Und was macht er?

Wir lesen in der Bibel von einem kleinen Fiesling namens Zachäus. Der ging seinem Job ziemlich gründlich nach, indem er den Leuten mehr Gebühren abzockte, als okay war. Er war reich, klein und gemein. Keiner mochte ihn. Als Jesus in die Gegend kam und alle Menschen sich drum schlugen, in der ersten Reihe zu stehen, hatte Zachäus natürlich keine Chance: er war zu klein! Und keiner hätte ihm den Vortritt gelassen. Zachäus war erfinderisch: er kletterte auf einen Baum, um auch etwas von Jesus sehen zu können. Beruhigt es dich, wenn ich dir sage, dass Zachäus auch völlig normal war? Jesus holte Zachäus von seinem Baum herunter, ohne von seiner eigenen Top-Ten-Spitze auf ihn herabzusehen. Denn Jesus hatte kein Mitleid mit Zachäus, weil er so klein war. Oder was denkst du, warum Jesus zum Beispiel unsere Gebete erhört? Aus Mitleid? Oder weil er gerade mal einen sozialen Tag hat?

Jesus startete auch nicht damit, die gemeinen Seiten des Zachäus in einer Moralpredigt breitzutreten. Jesus hat kein Interesse daran, unsere Schwächen und Fehler aufzuzählen und uns damit systematisch fertig zu machen. Er hat es nicht nötig, den »Größenunterschied« zwischen uns noch hervorzuheben um sich besser zu fühlen. Jesus holte Zachäus nicht vom Baum, um die Kosten für den Bau von Gottes Reich zu decken. Jesus hätte Spenden von ihm erwarten können. Genug hätte Zachäus ja gehabt. Aber Jesus lebt nicht auf unsere Kosten und nutzt uns nicht aus. Jesus wollte einfach nur mit Zachäus zusammen sein. Zachäus war für Jesus wertvoll genug, um mit ihm zu essen, ihm zuzuhören, was ihn beschäftigt, was ihn verletzte. Jesus überhob sich nicht über Zachäus. Er zeigte wahres Interesse – und das, ohne Bedingungen zu stellen.

Für Zachäus war diese Begegnung eine Lebenswende (lies mal nach in Lukas 19,2-10). Alles hatte sich verändert. Und das nur, weil einer kam, der sich von den Macken nicht hatte abschrecken lassen. Einer, der größer war und es nicht nötig hatte, Zachäus' Fehler zu betonen, um selbst noch besser dazustehen. Zachäus erlebte JesusStyle: du bist es Jesus wert, mit ihm zusammen zu sein. Seine Meinung über dich ist völlig unabhängig von dem, was deine Schwester über deine Zicken sagt. Und es interessiert Jesus wenig, ob deine Klamotten zu irgendeiner Clique passen. Er findet dich aber auch nicht toll, weil alle dich toll finden oder du sozial eingestellt bist! Einfach, weil er dich liebt, weil er dich anschaut und sich über dich freut – das macht dich wirklich wertvoll!

 **YourStyle:**

- In welchen Situationen mache ich andere »klein«, damit ich »größer« werde?

♥ **JesusStyle:**

- Von welchem »Baum« möchte dich Jesus herunterholen?

Wozu lebst du eigentlich?

»JesusStyle ist für mich eine große Hilfe. Denn wenn ich mal wieder traurig bin, erinnert mich JesusStyle daran, dass Jesus für uns – und für mich! – gestorben ist. Das hilft mir oft, nicht einfach alles aufzugeben. Es gibt mir neuen (Lebens-)Mut.«

Lena, 15 Jahre

Was macht denn Sinn in deinem Leben? Wir können auch anders fragen: Was gibt dir Kraft? Was treibt dein Leben an? Hört sich im ersten Moment etwas komisch an, ist es aber ganz und gar nicht. Es gibt in uns Dinge, die mehr Macht über uns haben, als wir uns das vorstellen. Da sind Erlebnisse, die wir nicht verkraftet haben, oder Ängste, die uns lähmen. Ich möchte ein paar solche Dinge aufzählen, vielleicht findest du dich in dem einen oder anderen Beispiel wieder.

Was ist die treibende Kraft in deinem Leben?

1.) **Schuld** (Bestimmung durch die Vergangenheit): So ist es zum Beispiel Kain in der Bibel ergangen, der nach dem Mord an seinem Bruder »heimatlos umherirrte«, ohne Ziel, nur aus der Vergangenheit bestimmt. Du hast bestimmt noch niemand umgebracht, aber du bist trotzdem an anderen schuldig geworden. Vielleicht musst du andere unterdrücken oder belügen, damit du besser dastehst. Was ist mit dir selbst? Wo ist deine Schuld? Was machst du mit ihr?

2.) **Wut & Bitterkeit** (Bestimmung durch die inneren Verletzungen): Du kannst dein Leben nicht mehr richtig weiterleben. Du vergleichst dich mit Leuten, denen es besser geht als dir. Als Folge ziehst du dich zurück von Gott und Menschen! Alle haben Schuld an deinem Leben:

deine Eltern, dein Jugendleiter, deine Freunde, auf die du dich fälschlicherweise verlassen hast. Du bist so richtig sauer auf alle!

3.) **Angst** (Bestimmung durch deine Angst): Du hast Angst, zu kurz zu kommen. Angst, nicht geliebt zu werden. Angst, etwas zu verpassen. Angst, zu versagen etc. Deine Angst treibt dich an als negative Motivation deines Lebens, aber sie macht nicht glücklich.

4.) **Materielle Wünsche** (Bestimmung durch innere Unzufriedenheit): Du denkst immer, du kommst zu kurz. Du definierst dein Sein über dein Äußeres, dein Aussehen, deine Statussymbole. Du suchst Sicherheit und Geborgenheit, aber materielle Wünsche machen nur vorübergehend glücklich. Du sehnst dich nach Glück und denkst, dass es in materiellen Dingen zu finden sei, aber eigentlich weißt du genau, dass das nicht stimmt.

5.) **Anerkennung** (Bestimmung durch die Sehnsucht nach Anerkennung): Du hast Erwartungen an alle Menschen um dich herum: Eltern, Freunde, Jugend etc. Alle müssen das, was du machst, toll finden. Du musst immer mehr leisten, weil du immer mehr Lob und Anerkennung brauchst. Deine Seele füllt sich mit der Anerkennung von anderen Menschen, davon hängt dein Selbstwert ab. Wenn dich jemand kritisiert, trifft dich das bis in dein Innerstes. Auch wenn derjenige Recht hat, kannst du die Kritik nicht zulassen.

Erst jetzt stellt sich die Frage:

- Was hat Jesus für eine Vision, einen Zweck für mein Leben?
- Was hat mein Leben für einen Sinn?

Der Prophet Jesaja im Alten Testament hat das sinnlose Leben mal treffend beschrieben (Jesaja 49,4):

Aber alles, was ich tue, erscheint mir nutzlos! All meine Anstrengung war umsonst und vergeblich.

Der Mensch ist manchmal wie ein Hamster im Laufrad. Der Hamster läuft und läuft – und er kommt doch nicht vom Fleck. Was nützt einem das höchste Tempo, die größte Anstrengung, wenn man am Ende doch nirgends hinkommt. Für was setze ich meine Kraft ein? Für wen lebe ich mein Leben? Was ist mir wirklich wichtig? Was soll auf deinem Grabstein stehen zum Abschluss deines Lebens? Er war ein guter Kerl? War immer bemüht? Was sagen denn die Menschen um dich herum, was dein Lebensziel war/ist? Freunde/Familie etc. Vielleicht hast du sogar Träume, aber getraust dich nicht, sie auszusprechen, sie zu verwirklichen …

Geschaffen für die Ewigkeit

Wir haben einen Auftrag für unser Leben hier auf der Erde und es geht darum, diesen Auftrag zu erkennen und auszufüllen. Nur dann, wenn wir dieses Ziel erkannt haben, werden wir zufrieden und glücklich sein! Zu oft sind es die fünf negativen Gründe vom Anfang des Kapitels, die uns antreiben, und nicht die Gedanken Gottes!

Wenn wir die Menschen ganz grob nach ihrer Antwort auf die Frage »Wozu lebe ich eigentlich?« einteilen wollen, dann haben wir zwei Typen: zum einen die Statussucher und zum anderen die Sinnsucher. Die *Statussucher* versuchen, ihren Sinn in materiellen Dingen zu finden: In Geld, Autos, Klamotten, neusten Handys ... Eben in allem, was einem einen gewissen Status bei anderen Menschen gibt. Diese Suche ist abhängig von dem, was die anderen von einem denken. Fast allen Menschen ist die Meinung der anderen wichtig, das ist auch ganz normal und niemand braucht sich dafür zu schämen. Die große Gefahr besteht darin, von der Meinung der anderen abhängig zu werden. Ich mache sonst nicht mehr das, was ich für richtig halte, nicht mehr das, was richtig und gut ist, sondern nur noch das, was andere von mir erwarten. Genau dann verfehle ich aber meinen Sinn, logisch, weil ich mich nur nach dem scheinbaren Sinn von anderen Menschen richte.

Sinnsucher orientieren sich nicht an äußeren und materiellen Dinge, weil diese vergänglich sind, weil ihr Glück nur ein paar Tage anhält. Weil nach einem »Erfolg« immer der nächste, bessere, größere und teurere kommen muss. Das bringt mich in einen Teufelskreislauf, der alles andere als sinnstiftend ist!

Wenn materieller Status wirklich Sinn, inneren Frieden und Zufriedenheit geben würde, wären die Stars aus Hollywood, die Berühmtheiten dieser Erde, die Schönen und Reichen die zufriedensten und glücklichsten Menschen der Erde. Aber genau das sind sie nicht! Fast nirgends gibt es so viele unglückliche Menschen wie bei den Schönen und Reichen. Warum ist ein Supermodel wie Kate Moss oder ein Schauspieler wie David Hasselhoff Alkoholiker geworden? Sie haben doch scheinbar alles, was man für ein sinnerfülltes Leben braucht! Ich sage nicht, dass man nicht glücklich werden kann, wenn man reich, schön oder berühmt ist, aber das alleine ist es sicherlich nicht. Aber wenn es so wäre, müsste Dieter Bohlen der glücklichste Mensch auf Erden sein! Tausende von Menschen in Deutschland scheinen das aber nicht zu kapieren, rennen von einer Castingshow zur nächsten und hoffen endlich entdeckt zu werden, damit ihr Leben einen Sinn macht! Macht es sonst keinen? Was ist, wenn ich nicht aussehe wie Heidi Klum und nicht den Body von Brad Pitt habe? Macht dann mein Leben weniger Sinn?

Sinnsuche beginnt nicht bei meinem Äußeren, sondern in mir. Mein Lebenssinn hängt nicht so sehr davon ab, was die anderen von mir denken, als davon, wie ich den anderen helfen kann. Das klingt jetzt fast paradox und trotzdem ist es so.

Dietrich Bonhoeffer[3] ist für mich da ein großes Vorbild. Nach außen hin hat er alles verspielt, sitzt im Gefängnis und wartet auf seinen Tod, aber er hat einen tiefen Sinn und einen festen Halt in Gott gefunden. Das spiegelt sich in einem großartigen Gedicht wieder, das er im Gefängnis geschrieben hat.

JesusStyle · YourStyle?!

Wer bin ich?

Wer bin ich? Sie sagen mir oft,
ich träte aus meiner Zelle
gelassen und heiter und fest
wie ein Gutsherr aus seinem Schloss.

Wer bin ich? Sie sagen mir oft,
ich spräche mit meinen Bewachern
frei und freundlich und klar,
als hätte ich zu gebieten.

Wer bin ich? Sie sagen mir auch,
ich trüge die Tage des Unglücks
gleichmütig, lächelnd und stolz,
wie einer, der Siegen gewohnt ist.

Bin ich das wirklich, was andere von mir sagen?
Oder bin ich nur das, was ich selbst von mir weiß?
Unruhig, sehnsüchtig, krank, wie ein Vogel im Käfig,
ringend nach Lebensatem, als würgte mir einer die Kehle,
hungernd nach Farben, nach Blumen, nach Vogelstimmen,
dürstend nach guten Worten, nach menschlicher Nähe,
zitternd vor Zorn über Willkür und kleinlichste Kränkung,
umgetrieben vom Warten auf große Dinge,
ohnmächtig bangend um Freunde in endloser Ferne,
müde und zu leer zum Beten, zum Denken, zum Schaffen,
matt und bereit, von allem Abschied zu nehmen?
Wer bin ich? Der oder jener?
Bin ich denn heute dieser und morgen ein anderer?
Bin ich beides zugleich? Vor Menschen ein Heuchler
und vor mir selbst ein verächtlich wehleidiger Schwächling?
Oder gleicht, was in mir noch ist, dem geschlagenen Heer,
das in Unordnung weicht vor schon gewonnenem Sieg?

Wer bin ich? Einsames Fragen treibt mit mir Spott.
Wer ich auch bin, du kennst mich, dein bin ich, o Gott!

Dietrich Bonhoeffer[4]

& YourStyle:

- Aus was für einer Perspektive siehst du dein Leben?
- Aus deiner eigenen?
- Was du denkst, was du kannst?
- Was du denkst, was du wirst?

♥ JesusStyle:

- Oder siehst du die Perspektive Gottes?
- Was er für dein Leben geplant hat?
- Was er in dich hineingelegt hat?

JesusWeek 2

YourStyle?!

JesusStyle will dir ein Ziel für dein Leben geben, weil Jesus auch ein klares Ziel gehabt hat. Er ist auf die Welt gekommen, um uns Menschen mit Gott zu versöhnen und sein Reich hier auf Erden aufzubauen. Dafür hat er zwölf junge Männer ausgesucht, denen er drei Jahre seinen Style gezeigt hat, damit sie seinen Auftrag nach seiner Zeit weiterführen können. Jesus hat sein Ziel erreicht. Aus zwölf sind heute Millionen weltweit geworden! Und du gehörst auch dazu! Was ist dein Ziel?

Ich habe mal ein paar Zitate[5] aufgeschrieben, von Menschen, die ein Ziel in ihrem Leben hatten und in ihrem Leben einen Beitrag dafür geleistet haben, damit dieses Ziel auch erreicht wird. Ganz unterschiedlich, schau sie dir mal an:

Konrad Adenauer, 1876-1967
»Wir haben die Wahl zwischen Sklaverei und Freiheit, wir wählen die Freiheit.«

Sein Beitrag: Er war der erste Kanzler nach dem Krieg. Prägte die junge Bundesrepublik. Vom Trümmerland zum »Wunderland« – der Wiederaufbau Deutschlands nach dem 2. Weltkrieg war sein Auftrag.

Karlheinz Böhm, geb. 1928
»Wann werden die Reichen endlich begreifen, was der Hungertod, was die wirkliche Armut bedeutet und welche Bedrohung dies für den

Weltfrieden bedeutet? Wir sollen Menschen für Menschen sein.«

Sein Beitrag: Berühmt wurde er als Schauspieler. Das war ihm nicht genug. Sein persönliches Engagement gegen Hunger macht er in der Öffentlichkeit bekannt, um Menschen für Menschen zu aktivieren. Der von ihm gegründete Verein »Menschen für Menschen« wirkt in Äthiopien.

Dietrich Bonhoeffer, 1906-1945

»Brüder durch Christus können nicht die Waffen gegeneinander richten, weil sie wissen, dass sie damit die Waffen auf Christus richten.«

Er war Symbolfigur des aktiven Widerstands gegen Hitler und traute sich, das auszusprechen, was andere nur dachten. Durch sein vorbildliches Leben prägte er viele Menschen bis heute und bezahlte dafür mit seinem Leben.

Dirk Nowitzki, geb. 1978

»Ich sehe mich noch ein bisschen als Kind, das irgendwie seinen Traum auslebt.«

Er ist der erfolgreichste deutsche Basketballer und spielt in der stärksten Liga der Welt, der NBA. Er hat Basketball in Deutschland nach vorn geführt und ist Vorbild für Tausende Kids und Jugendliche.

Konrad Zuse, 1910-1995

»Wenn die Computer zu mächtig werden, dann zieht den Stecker aus der Steckdose.«

Zuse ist der Vater des Computers. Er entwickelte 1938 den ersten Vorläufer zu unserem heutigen Computer, den Z1. Warum? Er war zu faul, langwierige Rechenaufgaben selbst auszuführen.

Was soll bei dir stehen? Für was stehst du? Fülle doch einfach mal den »Dreisatz« bei dir aus:

Dein Name:
_____
_____

Dein Satz:
_____
_____
_____
_____

Deine Taten:
_____
_____
_____
_____

JesusWeek:

Frage Gott diese Woche jeden Tag, welchen Auftrag er für dich und dein Leben hat! Bitte ihn, dass er dir diesen Auftrag deutlich zeigt.

Kapitel 3: JesusStyle
Werde, was du bist! (Christina Riecke)

Jesus sagt: »Wenn ihr euch an meine Worte haltet, seid ihr wirklich meine Jünger. Dann werdet ihr die Wahrheit erkennen und die Wahrheit wird euch frei machen.«

Joh. 8,31+32

»JesusStyle bedeutet für mich, dass Jesus mich liebt und mir treu bleibt, wenn ich untreu bin!«
Fiona, 16 Jahre

JesusStyle · Werde, was du bist!

Sei
ein Original und keine Kopie!

»Jesus findet mich gut, selbst wenn ich unzufrieden mit mir bin.« Sandra, 26 Jahre

Vielleicht kennst du diese Frage: Warum hat uns Gott überhaupt gemacht? Warum leben wir auf dieser Erde? Warum lebe ich? Und warum bin ich so, wie ich bin? Hat das einen besonderen Sinn? Und kann man den finden? Bin ich tatsächlich eine Idee, eine Erfindung von Gott?

Warum hat Gott überhaupt die Erde geschaffen? Egal jetzt mal, wie genau das abgelaufen ist und wie lange das gedauert hat, die Bibel will mit ihrer Schöpfungsgeschichte vor allem sagen: Gott hatte die Idee von dieser Welt.

Stellt dir das mal vor: Am Anfang. Ein Frühlingstag, alles noch anfangstaufrisch. Nach einem beeindruckenden Sonnenaufgang in rosa und rot strahlt die Sonne in schönstem Licht am blauen Himmel. Die Farben sind göttlich! Überall Grün in allen Variationen. Alle Sorten Blumen, die sich hingebungsvoll der Sonne öffnen. Butterblumen, Tulpen, Rosen, Gänseblümchen, Ranunkeln, Dahlien. Und man hört das Rauschen der Blätter. Und das Plätschern der Wellen. Die Luft ist frisch und neu und Vögel zwitschern. Da sind Berge, Hügel, weite Wiesen.

Und unter seinen nackten Füßen spürt Gott das grüne Gras, als er durch den Garten geht. Am Fluss entlang. (Auch das noch: ich rede sehr persönlich von Gott. Das ist wieder etwas, was ich nicht beweisen kann, was ich aber so erlebe: Dass Gott mir nah ist und sich uns immer wieder nähert. Gehst du weiter mit?)

Gott schaut sich um. Ein Hund bellt. Ein Pferd wiehert. Ein Schmetterling setzt sich auf ein Blatt und bleibt. Am Himmel sind Sterne, Gott jongliert mit ihnen. Gott erfindet noch ein paar zusätzliche Farben: weinrot, königsblau, gold, lila und sommersprossenorange. Und er erfindet die Diamanten. Und – auch sehr interessant in der Entstehung: Muscheln. Und Perlen. Und noch ein paar mehr Früchte: Zitronen und Himbeeren und – da muss man erst mal draufkommen: Kokosnüsse. Und Zimt. Und Kaffeebohnen. Und auch etwas kompliziert, aber genial in der Herstellung: Honig!

Und Gott sagt: Ja! Das ist sehr schön! Wirklich wunderwunderschön! Ich liebe diese Welt.

Und die Sonne spiegelt sich im Wasser. Und es gibt Giraffen. Und Zebras. Und Pudel. Und die Grillen zirpen. Und Gott hätte eigentlich allen Grund, zufrieden zu sein. Aber etwas fehlt ihm. Er vermisst etwas. Gott hat tief in sich den Wunsch, das alles hier mit jemandem zu teilen. Er will sich mitteilen. Er sehnt sich nach einem Gespräch. Nach Austausch. Er will das nicht alles allein anschauen. Er will mit jemandem darüber sprechen. Er ist sogar bereit, die Verantwortung etwas zu teilen.

Am Anfang war die Sehnsucht. Und Gott

schuf den Menschen, sich zum Bilde, als Mann und Frau. Aus Liebe. Um zu lieben und geliebt zu werden und die Liebe teilen. Und in uns Menschen ist das von Gott in uns: Die Sehnsucht nach Liebe. Und diese Sehnsucht sagt uns immer und immer wieder mit ihrer Stimme: es gibt einen Gott. Und dieser Gott sagt zu dir, zu jedem und jeder: Ich habe dich so unendlich lieb. Und ich möchte dir meine Liebe zeigen.

Und ich vermisse dich, wenn du nicht bei mir bist. Dann suche ich dich.

Gott hat dich ins Leben geliebt! Und es gehört zu uns vom ersten Tag an: Wir sind darauf angelegt, von Haus aus, von unserem Schöpfer aus, mit Gott in Liebe zusammenzuleben.

Aber freiwillig! Stell dir vor, du liebst jemanden. Du verliebst dich. Und du wünschst dir so sehr, dass dich der andere / die andere auch liebt. Aber natürlich kannst du ihn nicht zwingen. Und du willst ihn auch gar nicht zwingen. Du möchtest, dass er dich freiwillig, aus sich heraus liebt, weil er sich das wünscht. Sagen wir mal: Du könntest ihm etwas ins Essen mischen. Liebesperlen, die machen, dass er dich lieben *muss*. Dann ist er auf einmal ganz verrückt nach dir. Aber du weißt: das liegt nur an den Liebesperlen ... das ist dann doof.

Gott hätte uns allen einfach etwas in den Kopf mischen können, Liebesperlen oder so ein göttliches Gen, sodass wir gar nicht anders können, als alles toll zu finden, was Gott toll findet ... Aber Gott möchte freiwillig geliebt werden. Er zwingt dich nicht. Er überlässt dir die Entscheidung. Die Freiheit. Er wirbt um dich, er ruft dich, du wirst seine Stimme nie ganz loswerden, sie wird dich immer wieder mal beunruhigen oder wärmen ... Aber du entscheidest, wie du antwortest: ob du seine Stimme in deinem Herz ignorierst, ob du dich taub machst oder betrinkst oder betäubst ... oder ablenkst oder volle Dröhnung etwas anderes hörst ... Er ruft dich. Deinen Namen: Du! Ich bin dein Gott. Ich liebe dich. Ich vermisse dich.

Jeder Mensch ist ja ein absolutes Original. Gott hat, als er dann die Idee hatte, Menschen zu machen, nicht gesagt: Machen wir ein paar weiße, ein paar rötliche, ein paar braune, ein paar schwarze, ein paar mit schmalen Augen und ein paar mit dicken Locken – das muss reichen; der Rest geht dann als Kopie in Produktion.

Es gibt so eine alte Legende (das sind Geschichten, die nicht wahr sind, aber etwas Wahres zeigen wollen): Immer wieder konnten die Engel im Himmel beobachten, wie Gott hinter einem Vorhang verschwand in seinem Atelier und dann kam er raus und machte einen neuen Menschen. Und die Engel wussten inzwischen: Menschen schaffen gehörte zu Gottes absoluten Lieblingsbeschäftigungen. Gott hatte noch nicht einmal ein Exemplar doppelt gemacht! Und wenn die Engel z.B. fragten: »Was ist denn deine Lieblingshautfarbe?«, wurde er immer sauer und sagte: »Ich mag jede gleich gern, ich mag die Mischung. Wichtig ist, wie die Menschen innen aussehen! Und innen haben alle ein Herz!!«

Einmal wagte es ein vorwitziger Engel und schaute hinter den Vorhang. Was machte Gott denn da, bevor er einen neuen Menschen machte? Und der Engel sah: Gott schaute immer, bevor er einen neuen Menschen machte, in einen

Spiegel. Und dann hatte Gott wieder eine Idee und machte weiter.

Jeder Mensch ist ein Bild von Gott und spiegelt etwas von Gott wider.

Jeden Morgen, wenn ich wach werde, bete ich zuallererst ein kurzes Gebet. Ich danke Gott, dass er immer da ist und nie schläft. Ich versuche mich zu erinnern, was ich geträumt habe, und frage, ob Gott mir in der Nacht etwas gesagt hat. Ich danke Gott für mein Leben und bitte ihn darum, dass wir uns an diesem Tag nicht aus den Augen, aus dem Sinn verlieren.

Mir hilft es, wenn ich mein Gebet aufschreibe, auf ein weißes Blatt Papier, eine freie Seite in meinem Tagebuch. Denn ich weiß: so neu der Tag ist, so unverbraucht die Zeit. Ich selbst fühle mich oft nicht taufrisch und ich bin kein leeres, unbeschriebenes Blatt. Das weiße Blatt erinnert mich daran, dass ich Gott erlaube, seine Geschichte in mein Leben zu schreiben. Dafür möchte ich wach sein und frei und aufmerksam.

Was heißt das, mit Gott den Tag anfangen? Kein Fluchen über den Wecker. Dusseliges Mistteil. Ärgern über die Überschriften in der Zeitung. Kopfschütteln über die Kommentare im Radio. Kaffee runterspülen, Müsli reinstopfen. Sondern sehr bewusst zu hören, zu vertrauen, dass Gott dich jeden Morgen im Leben begrüßt:

»Schön, dass du da bist. Gut, dass es dich gibt. Sehr gute Idee, dass ich dich geschaffen habe. Du siehst heute sehr müde aus, deine Wimperntusche ist verlaufen oder deine Nase verschnupft, aber herzlich willkommen. Dies ist unsere Zeit, dieser Tag, der jetzt vor uns liegt – ich habe ihn gemacht. Du bist nicht alleine. Hey. Du siehst etwas schrumpelig aus ... Und du hast den Traum schon wieder vergessen, den ich dir extra erzählt habe, aber: ich liebe dich. Ich hatte die Idee, dass du lebst. Und glaube mir, das ist eine gute Idee. Und es macht mir große Freude, heute zu erleben, wie du dieser Idee ähnlicher wirst. Was für ein Projekt!«

Und vielleicht antwortest du dann: »Ja. Danke, Gott! Wie schön, dass du schon am frühen Morgen da bist. Und du hast schon so wunderschöne Gedanken über mich und so liebevolle Worte. Ich danke dir. Ich freu mich auf den Tag, auf die Zeit, die vor uns liegt. Ja, wir machen etwas daraus. Etwas, dass uns beiden gefällt. Mir und dir. Danke, dass du Ja sagst, jeden Morgen wieder, dass du dich so freust, dass ich da bin!«

Gott sieht dich an und sagt: Es ist gut! Diese Begrüßung zeigt mir an jedem Tag das große Ja über meinem Leben. Jeden Morgen, in den Minuten bevor ich aufstehe, erinnere ich mich daran: dieser Tag wurde in der Ewigkeit gemacht. Gott hat ihn vorbereitet; er wird sich nach Zeit anfühlen; aber er hat etwas Ewiges; es ist etwas von Gott in ihm; in jeder Minute.

Warum
ausgerechnet du wichtig bist!

Ein Rabbi wird von seinem alten Freund Joshe Ben Samuel gefragt: »Rabbi, wenn ich

 & YourStyle:

- Wie siehst du dich?

- Was magst du an dir?

- Was kannst du gar nicht leiden?

♥ JesusStyle:

- Jesus findet dich super! Er hat dich geschaffen, er will immer bei dir sein! Kannst du das glauben?
- Schreibe Jesus eine Antwort darauf. Schreibe ihm, was du glauben kannst und was nicht. Wo und warum dir das manchmal schwer fällt.

bald sterbe und dann vor Gott stehe, meinst du der Ewige wird mich fragen, warum ich nicht so war wie Mose? Oder wie Gideon? Oder wie Jesaja?« Der Rabbi antwortete ihm: »Joshe, mein Freund, was Gott, der Ewige, dich fragen wird, ist Folgendes: ›Warum warst du nicht Joshe Ben Samuel?‹«

Sei du selbst! Der Mensch, der du bist. Nicht wie dein großer Bruder oder wie deine kleine Schwester, deine beste Freundin, wie der Klassensprecher oder der Clown oder der Streber, wie dein bester Kumpel oder die Vorstellung, die deine Eltern oder andere Leute von dir haben: werde du selbst!

Ich denke an ein Mädchen, das ich eine Weile begleitet habe. Nennen wir sie Lili. Lili ist ein sehr hübsches junges Mädchen – klug, wach, sportlich und kreativ. Als ich sie kennen lerne, ist sie gerade 13 geworden. Sie liebt Barbies. Inzwischen spielt sie nicht mehr mit ihnen, aber ihr ganzes Zimmer ist voller Barbies. Barbie hat verschiedenste Kleider, eine Kutsche, Pferde und ein rosafarbenes Haus. Barbie kann eine Stewardess sein oder Ärztin, Sängerin, oder – und das ist Lilis Lieblings-Barbie: eine Braut! Die Barbiebraut sitzt im weißen Kleid direkt neben Lilis Bett. So wie sie will Lili auch sein. Sie vergleicht sich mit einer Puppe, mit einem Plastikideal, einer künstlichen Schönheit und versucht sie zu erreichen.

Sie möchte eine Figur wie eine Barbie haben. Und sie fängt an weniger zu essen. Sie macht eine Diät. Und wird dünner. Ihre Eltern machen sich Sorgen. Lili isst und kotzt anschließend heimlich. Und sie wird dünner und irgendwann ernsthaft krank.

Dabei ist Lili ein Mädchen, das eigentlich alles hat. Sie ist beliebt und begabt, ihre Eltern geben ihr ein gutes Zuhause. Aber Lili ist zutiefst unglücklich. Oft sagt sie: »Ich habe alles, aber ich fühle mich leer. Ich vermisse etwas. Ich vergleiche mich mit anderen und die scheinen immer glücklicher zu sein, besser, hübscher, freier. Und dabei fühle ich mich so schrecklich undankbar.«

Ich begleite Lili und merke, dass ich nicht mehr weiterkomme. Warum will so ein Mädchen nur »ausbrechen« aus seinem Leben? Was ist daran so zum Kotzen? Was könnte den Hunger stillen? Ich bete, dass Gott sie berührt. Dass irgendetwas geschieht, damit sie entdeckt, wie begnadet sie ist, wie dankbar sie sein kann, wie reich ihr Leben ist.

Eines Tages ruft mich Lilis Mutter an und sie klingt sehr aufgeregt. »Kommen Sie bitte schnell«, sagt sie. »Es ist etwas passiert!« Mein erster Gedanke ist, dass Lili sich das Leben genommen hat. Aber Lilis Mutter spürt wohl, was ich denke und beruhigt mich: »Nein, es ist nichts Schlimmes. Aber irgendetwas Entscheidendes!« Ich fahre sofort hin.

Ich komme bei Lili zu Hause an. Sie sitzt in ihrem Zimmer. Ich merke, dass es vollkommen anders aussieht als vorher. Alle Barbies sind weggeräumt. In der Mitte des Zimmers steht ein großer brauner Karton, oben drauf liegt die Barbiebraut. Ich schaue sie an, frage: »Was ist passiert?« Und sie erzählt: »Am Morgen fühlte ich mich nicht gut und ich bin nicht zur Schule gegangen. Ich habe mich vor den Fernseher gelegt und da lief eine Sendung über Spielzeug. Wie die Firma, die Barbies herstellt, Spielzeug herstellt. Und da sah ich ein junges Mädchen, weit weg, in China. Sie ist genau so alt wie ich und sie steht an einem Fließband und setzt Barbies zusammen. Kopf auf den Rumpf, Arme rein, Beine rein. Kopf, Arme, Beine, Kopf, Arme, Beine. Sie hat keine Zeit, zu spielen. Ihr Lohn ist ein Bruchteil von dem, was eine Barbie kostet. Und ich sah mich mit ihren Augen an. Und da sah ich anders aus, als ich immer dachte.«

Lili lächelt. Und dann sagt sie sehr leise, aber fröhlich: »Hättest du Lust, einen Salat mit mir zu essen?« Es war die schönste Einladung zum Mittagessen, die ich je bekommen habe!

Lili geht es heute gut. Sie hat gelernt, sie selbst zu werden. Nicht die Kopie einer Puppe oder die Nachmacherin einer Freundin, sondern sie selbst zu werden.

Das ist eine große Herausforderung. Wir brauchen ja andere, Freunde und Freundinnen, Geschwister, Vorbilder, auch Ideale. Aber dein »Ich«, deine Seele, dein Ziel, dein Sinn, dein Glück, deine Identität wird niemals davon bestimmt, wie gut du andere kopierst, sondern wie weit du mit deiner Entdeckung von dir selbst kommst.

Du bist eine ganze Welt voller Ideen, eine eigene Geschichte. Du hast deinen eigenen Kopf, du kannst lernen, abschauen und selbst Neues erfinden. Du hast einen eigenen Körper und bist für ihn verantwortlich. Du hast einen Namen. Und du musst die Frage beantworten: Wofür willst du einmal berühmt sein? Was sollen die Leute einmal über dich sagen? »Die war schnell, der war schlau, die war gerissen, der hat immer an sich gedacht …«, oder was?

Dein Gesicht und deine Gaben, deine Zeit und deine Energie, dein Glaube sind einmalig. Deshalb: tu, was du kannst! Und sag, was du denkst. Liebe. Frag nach. Such, bis du findest, was dich überzeugt. Geh auf Entdeckungsreise und dann teil deine Entdeckungen mit anderen.

 & YourStyle:

- Wofür willst du einmal berühmt sein?

- Was sollen die Leute über dich sagen?

❤ JesusStyle:

- Für was an dir möchtest du Jesus danken? (Deinen Körper, deinen Charakter, dein Denken, deine Ausstrahlung etc.)

Wer
bestimmt dein Handeln?

Einmal, so erzählt es die Bibel, war Jesus eine ganze Zeit lang weg gewesen, genau für 40 Tage. Was er wohl erlebt hatte? Er sah jetzt anders aus. Irgendwie göttlicher. Und gleichzeitig noch menschlicher. Kurz vorher hatte er noch den größten Triumph erlebt, die absolute Bestätigung. Johannes, sein Cousin, der Radikale, hatte ihn getauft. Und Gott hatte mit lauter Stimme gesagt: »Das ist mein Sohn!«

Und dann war er plötzlich verschwunden. Auf und davon. Wo war er denn gewesen? Und was hatte er erlebt? Man munkelte, er war in der Wüste. Nach dem Wasser die Wüste. Nach der Bestätigung – die Versuchung? (Lukas 4,1-13)

Ich habe es oft erlebt. Gerade noch habe ich Gott vertraut und seiner Stimme, die mir sagt, dass ich sein geliebtes Kind bin. Doch im nächsten Moment ist alles weg – das Gefühl der Nähe, das Vertrauen in die Liebe. Es bleibt eine einsame Entscheidung, irgendwie doch weiter mit Gott leben zu wollen. Aber wie?

Als Jesus aus der Wüste zurückkam, wirkte er – ich denke mir das so – stärker. Als wollte er sagen: »Das Band zwischen mir und Gott hält mich – immer in seiner Nähe. Wir sind ewig verbunden. Ich gehe, wohin er will. Ich verlasse mich auf ihn.«

Ich möchte mich Jesus anvertrauen. Aber immer wieder bin ich hin- und hergerissen zwischen verschiedenen Wünschen. Als würden sie an meiner Seele ziehen, als würden andere Menschen an mir zerren und Ideen mich mitreißen. Da gibt es einen tiefen Konflikt in mir selbst, und ich merke: Ich verliere aus den Augen, was ich will und wer ich bin. Jeden Tag wieder treffe ich die Entscheidung: Ich will mich von Jesus ziehen lassen, mich mit ihm verbünden, ihn bestimmen lassen, mich an ihn halten.

In der Wüste hatte sich Jesus an einen trockenen Baum gelehnt. Und ganz allmählich hatten sich dunkle Gedanken herunter in sein Herz geschlängelt. Die Schattenseite. Er sah ihr ins Gesicht. Die Macht war verlockend. Der Triumph. Die Befriedigung aller Eitelkeit. Genugtuung. Einfluss. Aber er traf eine Entscheidung und riss sich los. Und die Schlange verschwand. Er aber wusste jetzt: »Ich bin auf ewig verbunden mit Gott. Ich will, was er will.« Und er verließ diesen Ort und wandte sich dem Leben zu.

Der Blick in den Spiegel am Morgen zeigt dir nicht nur deine schönen Seiten, sondern auch die Schlange, die du sein kannst. Du siehst dir selbst in die Augen und wenn du ehrlich bist, siehst du deinen größten Feind und er sieht dir ähnlich. Überschminken hilft nicht.

Wie wird man innen schön? Wie wird man stark? Wie wird man makellos? Wie wird das Herz rein? Wie wird man glücklich? Was hält? Was hält dich noch? Wie wird man frei? Wer hat es in der Hand? Auf wen verlasse ich mich?

Jesus konnte nach seiner Erfahrung in der Wüste unsere Zerrissenheit wohl noch besser verstehen. Sein Heimweh, seine Sehnsucht nach Gott war sicher auch größer als vorher. Aber auch sein Mitgefühl für die Menschen. Er sah jetzt die Wüste in ihren Herzen, diese trockene, öde Angst. Und er sah, wie ihre Wünsche und heimlichen Sehnsüchte an ihnen zogen und zerrten. Und er liebte sie noch mehr als vorher. Er verstand sie jetzt total. Deshalb ist er dir nah. Gerade auch in den Zeiten, in denen du nicht weißt, wer du bist; wenn du nicht tust, was du sagt und glaubst; nicht fühlst, was du singst; nicht tust, was richtig wäre; nicht weißt, wohin und wie.

Auf meinem Schreibtisch steht ein Bild von Jesus am Kreuz. Ich sehe es mir an, wenn ich nicht weiß, wer ich bin und wie ich ein Mensch sein kann, der liebt, was Gott liebt. Ich vertraue mich ihm an und glaube, dass er mich voller Liebe ansieht. Der Blick von Jesus sagt mir: »Ich verstehe. Ich kenne dich. Ich weiß, was du fühlst und was du denkst. Ich kenne diesen inneren Kampf ganz genau.«

Dann kann ich mich losreißen von meinem Spiegelbild. Von meinem schlimmsten Feind. Von meiner Eitelkeit und Unsicherheit. Dann bete ich und sage ihm: »Ich gehöre nur dir. Ich verlasse mich für immer. Ich verlasse mich – auf dich und vertrau mich deiner Liebe an. Was du sagt, ist das, was stimmt. Ich will mit dir leben.«

 YourStyle:

- Was siehst du morgens im Spiegel?

- Wie geht es dir dabei? Was sind deine Gedanken?

♥ JesusStyle:

- Jesus sieht in dich hinein, erkennt deine Gedanken.

- Schreibe die negativen Gedanken über dich auf und bringe sie im Gebet zu Jesus.

JesusWeek 3

Werde, was du bist!

 & YourStyle:

- Versuchst du manchmal aufzufallen? Coole Klamotten anziehen, Haare stylen, schminken (Mädels), um irgendjemanden zu beeindrucken oder einfach nur von den anderen Anerkennung zu bekommen?
- Machst du manchmal verrückte Dinge, um dich etwas von der Masse der Leute um dich herum abzuheben?
- *Schreibe eine Sache auf, die du machst, um dich von anderen abzuheben oder um aufzufallen!*

_____
_____
_____
_____

♥ JesusStyle:

- Jesus ist aufgefallen! Und zwar ganz schön heftig und in jeder Hinsicht! Die einen fanden ihn super und haben alles stehen lassen und sind ihm nachgefolgt (Jünger), andere haben sich fürchterlich über ihn aufgeregt (Pharisäer)! Jesus war das egal, er hat sein Ding durchgezogen und er hat zu seinen Jüngern gesagt, dass sie das auch so machen sollen! Es ist egal, was die Leute sagen. Es kommt darauf an, ob wir den Style von Jesus in unserem Herzen haben. Er wird dann automatisch nach außen sichtbar!
- Jesus hat gesagt, dass seine Nachfolger damals und heute auffallen sollen, egal, wo sie sind, ja, sie müssen das sogar, sonst leben sie nicht in seinem Style!

Lies: Matthäus 5,13-16; JesusStyle fällt immer auf

Ein krasser Text, der leicht zu verstehen ist, aber gar nicht so leicht zu leben. Jesus verwendet zwei Bilder für seinen Style:

1. _____
2. _____

Background

Salz war zur Zeit von Jesus super wertvoll. Es gab keinen Kühlschrank und es war knalleheiß. Die einzige Möglichkeit, dass Fleisch oder Fisch nicht innerhalb von ein paar Stunden schlecht wurde, war, es mit Salz zu pökeln. Außerdem war Salz das Würzmittel No. 1!

Aber was nützt das wertvollste Salz, wenn es nicht haltbar macht oder würzt: *Nichts!* Jesus ist ganz schön hart. Keine Kompromisse, entweder du bist Christ und lebst im JesusStyle oder vergiss es!

Aber Jesus setzt noch einen drauf, mit dem Beispiel von der Lampe. Wozu ist eine Lampe gut? Klar, zum Leuchten! Wenn du dein Licht aber unter einen Deckel stellst, dann bringt es nichts!!

JesusStyle heißt Salz und Licht zu sein. Aber was heißt das jetzt konkret in deinem Leben, in deinem Herzen? Was macht Christsein wirklich aus? Überlegt und tragt alles ein, was euch einfällt!

_____

_____

_____

_____

_____

Hey, das klingt ja echt gut, wenn nur nicht diese blöden Deckel wären, die wir immer über uns legen, damit ja niemand unser Licht leuchten sieht! Sei mal ehrlich und schreibe auf, was in deinem Leben so Deckel sind! (Angst vor dem, was die anderen denken, Faulheit etc.)

_____

_____

_____

_____

_____

_____

_____

Eine supergute Nachricht noch zum Schluss: Das Salz muss nichts dazu tun, dass es salzig ist, es ist automatisch salzig! Genauso Licht! Das heißt, wenn du im JesusStyle lebst, bist du automatisch bei Jesus und leuchtest. Das Einzige, was du tun kannst, ist die Sache mit dem Deckel! Remember: Jesus möchte, dass wir auffallen, nicht so durch unser Äußeres, sondern durch unseren inneren Style, unser Verhalten den anderen gegenüber!

JesusWeek:

Das will ich versuchen, diese Woche zu ändern:

Überlege dir einen Bereich in deinem Leben, in dem du diese Woche »Licht und Salz« sein willst! Z.B. Schule, Freunde, Eltern/Geschwister ...

Dein Bereich:

_____

Wie sieht dein »Licht und Salz« konkret aus? Was nimmst du dir vor? Welchen »Deckel« willst du abnehmen? (Schau noch mal oben bei »deinen Deckeln« nach.)

_____

_____

Kapitel 4:

JesusStyle
. Mache, was Jesus kann! .

»Ich versichere euch:
Wer an mich glaubt, wird dieselben
Dinge tun, die ich getan habe,
ja noch größere, denn ich gehe,
um beim Vater zu sein.«

Johannes 14,12

»Durch JesusStyle ist mein
Glaube stärker geworden.«
Patricia, 14 Jahre

Weil

Jesus mehr kann, als du glaubst

»JesusStyle heißt für mich: Jeden Tag mit Gott leben und voll auf ihn vertrauen.«

Samuel, 14 Jahre

Manchmal kommt es mir so vor, als ob ich denke, dass mein ganzer Glaube ziemlich menschlich ist. Das liegt meist daran, dass sich mein Glaube darauf beschränkt, was ich mir vorstellen kann. Ich glaube also nicht in erster Linie an das, was Jesus tun kann, was seine Möglichkeiten sind, sondern ich vertraue meinen eigenen Möglichkeiten. Das ist sehr traurig und ich bin dann richtig sauer auf mich, weil ich das eigentlich nicht möchte. Ich will Jesus vertrauen und auf das trauen, was er kann. Den Jüngern von Jesus ging es manchmal ähnlich. Das tröstet mich. Es ist wunderbar, zu sehen, wie Jesus ihnen geholfen hat, ihm Stück für Stück mehr zu vertrauen. Mit viel Geduld brachte er ihnen bei, so zu leben, wie er es selbst tat. Einmal war es so, dass er seine Jünger zu einem kleinen Missionseinsatz losgeschickt hat. Die Jünger gingen los zu den Leuten und predigten. Nach einer Zeit kamen sie zu Jesus zurück, sie waren müde und glücklich über das, was sie erlebt hatten. Jesus kümmerte sich um sie und wollte ihnen etwas Ruhe gönnen, aber es waren Tausende von Menschen da, die zu Jesus wollten. Jesus war ein richtiger Star und alle wollten in seiner Nähe sein. Er machte sich mit seinen Jüngern auf die »Flucht« vor den Massen. Sie stiegen in ein Boot und fuhren davon, aber Tausende von Menschen rannten am Ufer dem Boot hinterher und als Jesus und seine Jünger wieder an Land gingen, standen die Massen schon da. Den Rest lesen wir in Markus, Kapitel 6:

Als Jesus aus dem Boot stieg, erwartete ihn eine riesige Menschenmenge. Er hatte Mitleid mit ihnen, denn sie waren wie Schafe ohne Hirten. Deshalb nahm er sich Zeit, sie vieles zu lehren. Spät am Nachmittag traten seine Jünger zu ihm und sagten. »Dies ist eine einsame Gegend und es wird langsam spät. Schick die Leute fort, damit sie auf die umliegenden Gehöfte und in die Dörfer gehen können und sich etwas zu essen kaufen.« Doch Jesus meinte: »Gebt ihr ihnen zu essen.«

Jesus hatte Mitleid mit der geistlichen und körperlichen Not der Menschen! Er sah die Menschen und es jammerte ihn. Deshalb hat er zu ihnen geredet. Er sieht ihre Not. Heilung und Essen – gehören bei Jesus immer zusammen! Jesus sieht den ganzen Menschen, das ist echt stark. Ich weiß nicht, wann du das letzte Mal Mitleid empfunden hast für Menschen in deiner Umgebung, denen es schlecht geht. Vielleicht ist es jemand aus deiner Klasse, der schlecht in der Schule ist. Ein Außenseiter oder ausländische Mitschüler, die niemand haben, mit dem sie reden können. Hast du schon einmal daran gedacht, dass viele in deiner Klasse, Familie oder in deinem Freundeskreis Jesus noch gar nicht kennen und dass sie deshalb das Beste in ihrem Leben verpassen? Ist das nicht traurig?

Ich denke, dass wir manchmal abgestumpft sind, alles zu oft gehört haben, innerlich taub geworden sind für Jesus.

Die Jünger sind fertig, sie wollen nach Hause, das haben sie auch verdient. Sie hatten ihr Highlight schon. Sie waren unterwegs gewesen, hatten die Kraft Gottes gespürt. Sie hatten Hunger und deshalb sagten sie Jesus, dass er die Leute auch nach Hause schicken sollte. Schick die Leute weg! Keine Lust mehr! Vielleicht geht es dir manchmal auch so. Mir geht es oft so. Denke, ich habe doch genug getan, sollen doch mal andere ran! Jesus denkt anders! Statt ihnen Recht zu geben, ihre Situation zu verstehen, fordert er sie heraus: »Gebt ihr ihnen zu essen!« Was für ein Satz!

> »Wie viele Brote habt ihr?«, fragte er. »Geht und stellt es fest.« Sie kamen zurück und berichteten: »Wir haben fünf Brote und zwei Fische.« Da forderte Jesus die Menge auf, sich in Gruppen ins grüne Gras zu setzen. Sie setzten sich zu je fünfzig oder hundert zusammen. Jesus nahm die fünf Brote und zwei Fische, blickte zum Himmel auf und bat um Gottes Segen für das Essen. Dann brach er das Brot in Stücke und reichte den Jüngern Brot und Fisch, damit diese alles an die Leute verteilten. Alle aßen, so viel sie wollten.

Jesus fordert seine Jünger heraus! 5 000 Männer, dazu kommen noch Frauen und Kinder, vielleicht so um die 15 000 Menschen! Was machen wir mit Herausforderungen? Die Jünger reagierten total menschlich: Wir denen zu essen geben? Geht doch gar nicht! Da würden wir ja ungefähr einen halben Jahreslohn benötigen! Völlig verrückt, haben wir nicht und das weißt du ganz genau, Jesus! Ja, Jesus weiß das und trotzdem fragt er! Jesus kennt unsere Situation und möchte trotzdem mit uns darüber reden. Er möchte unsere menschlichen Planungsmöglichkeiten und Denkmuster hinterfragen.

Was habt ihr? Was hast du? Fünf Brote und zwei Fische! Lächerlich, soll man das Jesus überhaupt sagen? Soll man es ihm geben? Das reicht ja nicht mal für die Jünger selbst, geschweige denn für 15 000 Leute! Jesus forderte Vertrauen: Die Jünger geben Jesus alles, legen alles in die Mitte! Auch wenn es menschlich lächerlich aussieht! Jesus fordert von ihnen nicht, dass sie mit dem, was sie haben, die Leute satt machen sollen. Er fordert die Jünger auf, ihm das zu geben, was sie haben. Jesus verlangt nichts Unmögliches, sondern das, was die Jünger haben. Sie sollen den äußeren Rahmen für das Essen vorbereiten, die Leute in Gruppen aufteilen und den Rest Jesus überlassen.

Was legen wir Jesus hin? Was trauen wir ihm

zu, was er daraus macht? Gilt für uns nur der menschliche Verstand? Das, was wir erwarten, zählt? Oder das, was Jesus machen kann? Seien wir doch mal ehrlich!

Aber dann geschah das eigentlich Unglaubliche: Jesus dankte für das Essen und gab den Jüngern die fünf Brote und zwei Fische – und sonst ist nichts passiert. Die Jünger sollen das Essen an die Leute verteilen. Ich weiß nicht, was ich gemacht hätte, aber ich glaube, spätestens jetzt wäre ich aus der ganzen Sache ausgestiegen. Ich hätte erwartet, dass Jesus betet, dass ein Wunder geschieht und Berge voll Brot sich auf der Wiese türmen würden. Brot für Tausende von Menschen! Ein Wunder, alles tobt und ist begeistert und ich organisiere Schubkarren, um die Massen von Brot und Fisch zu den Leuten zu karren. Aber bei Jesus ist es anders. Es geschah nichts. Er gab die fünf Brote und die zwei Fische den Jüngern zurück und sagte, sie sollten sie verteilen. Die Jünger gingen im Glauben los und begannen es zu verteilen und während sie das taten, geschah das Wunder der Vermehrung! Das ist Glaube. Im Vertrauen auf Jesus losziehen!

Jesus verlangt nicht von ihnen, das Wunder zu tun! Er erwartet nur Gehorsam! Er tut das Wunder! Nicht wir sind die, die das Wunder tun sollen, sondern Jesus tut es! Wir denken oft, wir müssten das Wunder tun. Es läge an uns, an unserer Kraft, an unserer Motivation, an unserem Eifer. *Nein* – es liegt nur an uns, zu vertrauen, uns hinzugeben, Jesus gehorsam zu sein! Das Wunder tut er, er allein! Wir denken immer: Jesus muss das Wunder tun und wenn er es getan hat, dann können

wir auch glauben! Aber so ist es nicht! Jesus tat das Wunder, während sie gehorsam waren! Während sie zu Jesus gingen und das Brot nahmen und austeilten. Jesus wollte das Vertrauen sehen, dass sie ihm gegenüber hatten!

Das ist für mich eine riesige Herausforderung, weil es gegen alles menschliche Wissen ist. Das ist für mich eine riesige Herausforderung für mein Christsein. Glauben wir oder bleiben wir immer stehen und sagen: »Ja theoretisch ist das Wunder möglich, aber bei uns doch nicht. Bei uns gibt es keine Brotvermehrung. Bei uns gibt es keine Heilung, kein Mitleid, keine Menschen, die zum Glauben kommen.«

Danach sammelten sie ein, was von den Broten und Fischen übrig geblieben war: es waren noch zwölf Körbe voll. Fünftausend Männer waren von diesen fünf Broten satt geworden!

Es blieb noch übrig. Viele Christen denken, dass sie bei Jesus zu kurz kämen. Wenn ich Jesus nachfolge, dann bedeutet das in erster Linie Verzicht, Opfer, Loslassen. Das ist auch teilweise richtig: Ich muss loslassen – meine falschen Erwartungen, mein falsches Bild von Jesus, vielleicht sogar materielle Wünsche, die meinem Glauben im Weg stehen. Aber ich komme nicht zu kurz! 12 Körbe blieben übrig! Für jeden Jünger einen Korb! Das Vertrauen wird belohnt. Jesus gibt nicht nur so viel, wie wir brauchen, sondern mehr! Bei Jesus kommst du nicht zu kurz. Er sorgt für dich, ihm kannst du vertrauen!

> & YourStyle:
> - Wann hast du das letzte Mal Mitleid empfunden, weil es einem Menschen so schlecht ging?
> - Wann hast du das letzte Mal Mitleid empfunden, weil ein Mensch Jesus noch nicht kannte?

> ♥ JesusStyle:
> - Was sind deine fünf Brote und zwei Fische?
> - Wo sollst du sie für Jesus einsetzen?

Tu, was du kannst!

(Sandra Bubser)

»Mit Jesu zu leben in allen Situationen, egal wie man sich fühlt, das ist JesusStyle. Er ist immer da.« — Sarah, 16 Jahre

Kennst du den? Es gibt da einen Film, der mich besonders angesprochen hat: *The Incredibles* – die Unglaublichen! Ich mag eigentlich keine animierten Filme, aber der ist irgendwie besonders. Die Hauptdarsteller sind eine Familie von Superhelden. Sie alle haben übernatürliche Fähigkeiten: der Vater, Mr. Incredible, hat so viel Kraft, um sich einem fahrenden Zug entgegenzustemmen und ihn anzuhalten. Seine Frau, Elastigirl, hat flexible Armen und Beine, die sich weit in die Länge ziehen. So kann sie sich von Haus zu Haus schwingen oder ihr Körper fungiert als Fallschirm. Die Unglaublichen helfen gerne in Not geratenen Menschen und sind deshalb sehr beliebt.

Wenn ich dir erzähle, jeder bekam von Jesus solche einzigartigen Superkräfte in sich hineingelegt, würdest du das glauben? Nein? Wenn deine Gedanken oder andere Menschen dir vorlügen: »Du kannst nichts – du bist nichts«, fällt dir das dann leichter zu glauben?

Als Jesus dabei war, dich zu bauen, hatte er nicht nur deinen hübschen Körper konstruiert. Nein, er hatte auch schon eine Idee, was du mal so machen würdest. Da er gut im Mitdenken ist, gab er dir die passenden Fähigkeiten gleich dazu. Das alles ist also kein Zufall. Jeder Mensch bekam sein Paket mit Gaben und Fähigkeiten. Dieses Paket ist ein Geschenk und kein Preis für die Teilnahme am Teenkreis. Bei der Auslosung wird auch nicht unser Leben gecheckt, um die Größe des Pakets zu bestimmen.

Wenn du genau nachdenkst, gibt es da sicher einige Dinge, die dir Spaß machen und dir leichter fallen. Vielleicht spielst du gerne Volleyball? Oder es freut dich, anderen eine Freude zu machen? Wenn du so etwas von dir schon weißt, hast du wohl schon ein bisschen in dein Paket gespickelt.

Den Kindern der Superhelden-Familie, Flash und Violetta, wurde verboten, ihre Superkräfte einzusetzen. Sie würden zu sehr auffallen. Daher wurde Flash zum Störenfried in der Schule: Er rannte schneller, als der Lehrer ihn sehen konnte, und legte Reißzwecken unter dessen Hintern. Violetta möchte nur noch unsichtbar sein – vor allem wenn ihr Schwarm Tony sie ansieht.

Sie können und dürfen ihr Paket mit Superkräften nicht auspacken. Dabei werden sie aber auch nicht glücklich, sie sind genervt und gelangweilt. Kommt dir das bekannt vor?

Jesus gab uns dieses Paket nicht, um die Verpackung zu bestaunen oder zu raten, was drin ist! Wir sollen die Sachen auspacken, ausprobieren und sie dann auch nicht nur für uns selbst verwenden. Jeder von uns bekam ein anderes Sortiment, um uns gegenseitig zu helfen und zu ergänzen. Überlege mal, was du schon immer einmal machen wolltest? So ein Wunsch zeigt dir vielleicht den Weg zu etwas, was du gut kannst und noch gar nicht weißt!

Jesus freut sich, wenn du das ausgräbst und ausbaust, was in dir steckt. Dazu hat er dich gemacht! Was machst du gerne? Eher anderen helfen oder organisieren? Lieber tanzen oder kochen …?

Wenn du am Überlegen und Ausprobieren bist, lass dich nicht von gemachten Fehlern entmutigen. Manche Dinge werden erst noch und du musst einfach üben. Dabei passieren Fehler. Das bedeutet nicht, dass du das nicht könntest!

Früher schwelgte ich in den Träumen, eines Tages unwiderstehlich Gitarre spielen zu können. Vorbilder hatte ich genügend und bei unserer Jungscharleiterin schrubbten wir gemeinsam unsere Instrumente. Aber es gab ein Mädchen, das es einfach besser konnte. Ich sagte mir, dass Gitarrespielen nicht in meinem »Paket« war und wurde traurig über diese Erkenntnis. Ich stellte die Gitarre in die Ecke, ohne zu bedenken, dass es immer andere geben würde, die weiter sind.

JesusStyle bedeutet nicht, dass wir alles perfekt beherrschen müssen und keine Fehler machen dürfen. Und JesusStyle bedeutet schon gar nicht, dass Jesus uns hinauswirft. Oder hast du schon einmal von einer Kündigung in der Bibel gelesen? Die Jünger um Jesus herum waren nun wirklich nicht perfekt. Petrus hatte Jesus sogar verpfiffen. Aber Jesus lebte seinen Style und ging weiter mit ihm. Er wusste von dem Paket, das in Petrus schlummerte und was aus ihm werden kann. Deshalb hielt er zu ihm.

JESUSSTYLE · MACHE, WAS JESUS KANN!

Jesus hat sich nicht verändert. JesusStyle heißt, dass Jesus in dir einen Superhelden sieht und zu dir halten wird! Er wird dich begleiten, wenn du ausprobierst zu tanzen. Und er wird dich nicht auslachen, wenn du aus dem Takt kommst. Er bleibt bei dir. Und übrigens wurde Petrus zum Gemeindegründer und ein wichtiger Mann für die ersten Christen!

Am besten du machst dich auf die Suche nach deinen vergrabenen Wünschen. Was möchtest du gerne mal ausprobieren? Wenn du nicht weißt, wie du das anstellen kannst, dann frag mal jemand, der dich gut kennt. Und nimm andere auf diese Suche mit. Ein Team kann sich gegenseitig besser ermutigen und ergänzen. Eines ist versprochen: es wird dich verändern! Selbst die Superhelden hatten viel mehr Selbstbewusstsein, nachdem sie ihre »Pakete« ausgepackt und gemeinsam genutzt hatten. Schau dir den Film mal an …

 & YourStyle:

Schreibe auf
- 5 Dinge, die du gut kannst.

- 5 Dinge, die du gerne mal machen würdest (auch wenn du nicht weißt wie).

♥ JesusStyle:

• Suche dir jeweils eines heraus und vervollständige diesen Satz:

Ich kann: _____
und möchte zusammen mit Jesus in der nächsten Woche

_____ tun!

Weil Jesus dein Denken verändern kann

»JesusStyle heißt nicht, dass alles gleich klappt!«

Johannes, 15 Jahre

Veränderung fängt im Kopf an. »Nichts Neues«, sagst du, und trotzdem fällt es uns unwahrscheinlich schwer, unsere oft eingefahrenen Denkmuster verändern zu lassen.

Was hast du bisher in diesem Buch alles gelesen? Was hat dich angesprochen? Bei welchen Punkten hast du gedacht: Ja, hier muss ich was tun! Und sei mal ehrlich – was hat sich wirklich verändert? JesusStyle bedeutet ehrlich zu sein, ehrlich gegenüber sich selbst und Gott. Dazu gehört auch, dass ich zugeben muss, dass Veränderungen langsam vor sich gehen. Ich rede hier nicht von Begeisterung, von Motivation nach einem super Jugendevent, wo ich mir zum x-ten Mal vorgenommen habe, jetzt mit Jesus ernst zu machen und ab heute regelmäßig zu beten und in der Bibel zu lesen und dann nach vier Wochen frustriert festgestellt habe, dass ich es doch nicht geschafft habe. Gilt übrigens auch für JesusStyle! Es geht bei JesusStyle nicht um eine kurze Begeisterungsphase, sondern tatsächlich um einen Lebensstil. Ich denke, dass solche Momente der Begeisterung sehr wichtig sind und dass sie wichtig sind für unsere Beziehung zu Jesus. Aber es gibt noch eine andere Ebene, die tiefer, in unserem Denken liegt.

Mein Denken wird geprägt

Das, womit ich mich beschäftige, prägt mein Denken. Wenn ich jeden Tag drei Stunden TV-Gerichtsshows schaue, dann prägt mich das. Wenn ich jeden Tag in der Bibel lese, dann prägt mich das. Wenn ich jeden Tag vier Stunden Hip-Hop höre, dann prägt mich das. Wenn ich mit meinen Freunden rumhänge, dann prägen sie mich. Das ist bisher alles neutral. Das kann eine positive oder eine negative Prägung sein. Ich muss nur wissen, von was ich mich prägen lassen will – Neutralität im Denken gibt es nicht!

Unser Leben ist wie ein Kassettenrekorder und unser Denken wie eine Kassette. Vieles, was wir erlebt haben, ist darauf gespeichert, ob wir uns darüber freuen oder nicht. Wir können damit arbeiten, zurückspulen und darüber nachdenken. Wir können neue Sachen aufnehmen, positive Nachrichten darauf sprechen, positives Denken einüben. Das ist wunderbar, aber das Alte bleibt trotzdem erhalten!

Wenn wir zum Glauben kommen, wechselt der Besitzer. Gott gehört jetzt unser Leben, unser Kassettenrekorder. Aber die Kassette bleibt so, wie sie ist, nämlich vollgespielt bis zum heutigen Tag. Die Gedanken darauf beeinflussen unser Denken und Tun, unsere Verhaltensweisen maßgeblich. Aber Gott will uns helfen, dass wir unsere Kassette, unsere Gedanken Stück für Stück neu bespielen, das Alte soll gelöscht werden und Gottes neue Gedanken sollen aufgespielt werden, damit diese Gedanken unser Leben leiten, all unsere Verhaltensweise bestimmen.

Dabei geht es Gott nicht um eine blinde Manipulation unserer Gedankenwelt, sondern um Heilung von den Gedanken, die uns nicht gut tun und uns krank machen. So zum Beispiel Gedanken wie: »Ich bin nichts wert!«; oder: »Ich bin nicht gut genug!«; »Das was ich leiste, reicht einfach nicht aus.«; »Die anderen sind besser, können das, was ich gerne könnte.«, und so weiter. Unsere Gedanken haben sehr viel Macht über unser Leben und können unsere Gefühle und unser Handeln stark beeinflussen. Deshalb ist es wichtig, dass ich mir im Klaren bin, wer und was meine Gedanken prägen soll. Paulus drängt darum auf die Erneuerung des Denkens, wenn er in Epheserbrief 4,23 schreibt:

> Deshalb sollt ihr euer altes Wesen und eure frühere Lebensweise ablegen, die euch durch trügerische Leidenschaften zu Grunde richtete. Lasst euch stattdessen einen neuen Geist und ein verändertes Denken geben.

Jesus möchte uns dabei helfen. Wir müssen bereit sein, uns helfen zu lassen. Das bedeutet, dass wir als Erstes einsehen müssen, dass wir falsche Gedanken in uns tragen und dass diese Gedanken erneuert werden müssen. Wie funktioniert das jetzt aber mit der **Erneuerung der Gedanken:**

- **Gott will unsere Gedanken erneuern (neu bespielen).**
- **Wir müssen bereit sein und dies praktisch einüben.**

Paulus wird da ganz praktisch, wenn er das Problem den Christen aus Korinth erklärt (2. Korinther 10,5):

> Mit diesen Waffen bezwingen wir ihre widerstrebenden Gedanken und lehren sie, Christus zu gehorchen.

Manchmal ist es gut, die schlechten Gedanken wirklich »gefangen« zu nehmen, sie aufzuschreiben und sie dann Jesus zu übergeben. In unserer Jugendgruppe haben wir sogar mal unsere alten aufgeschriebenen Gedanken verbrannt, um einfach deutlich zu machen, dass Jesus sie wirklich wegnehmen kann. Mir geht es so, dass ich solche Übungen öfters machen muss, bevor sich was ändert, aber ich dann merke, wie Jesus mich wirklich verändert. So habe ich mich mit einem Freund jede Woche getroffen und wir haben jeder für sich die ganze Woche aufgeschrieben, wo wir nicht die Wahrheit gesagt haben (Übertreibungen inklusive). Ich war schockiert über mich selbst, wie viel da zusammenkam. Dann haben wir uns die Liste gegenseitig vorgelesen und vor Gott gebracht. Das haben wir drei Monate jede Woche gemacht und die Liste wurde gegen Ende tatsächlich immer kürzer!

An die Christen in Ephesus schreibt Paulus, wie die Erneuerung der Gedanken praktisch umsetzbar ist, indem er unterscheidet, wie unser altes Denken aussieht und wie das erneuerte Denken aussieht. Das alte Denken sollen wir ablegen und das neue einüben. Bei solchem Training kann es hilfreich sein, sich aufzuschreiben, wann und warum wir bestimmte Gedanken haben, wie Lügen (Übertreiben, Notlügen etc.) oder Bitterkeit (über andere, Gott oder mich selbst).

Die folgenden Beispiele von Paulus können dir vielleicht helfen:

Altes Denken	Neues Denken
• legt das Lügen ab	• und sagt die Wahrheit
• versündigt euch nicht im Zorn	• sondern vergebt euch
• statt zu stehlen	• geht eurer Arbeit nach
• statt Negatives zu reden (auch über andere)	• bringt die Dinge zur Sprache
• statt Bitterkeit und Wut und Zorn in Gedanken Raum zu geben	• seid freundlich und hilfsbereit
• statt sich auf die eigenen Gedanken auszurichten	• richtet euch aus auf Christus

Zum Schluss möchte ich auf drei geistliche Lebenslügen hinweisen, die sehr verbreitet sind und die unsere Gedanken immer wieder in Beschlag nehmen. Vielleicht findest du dich in der einen oder anderen wieder. Sie müssen erneuert werden, weil sie dich sonst am geistlichen Wachstum und in deiner Persönlichkeitsentwicklung hindern!

Drei geistliche Lebenslügen:

»Ich kann das nicht!«:
Immer wieder kommt dieses Argument. Ich bin nicht begabt genug. Ich habe das noch nie gemacht. Wer bin ich denn schon! Wir können und sollen geistlich auch nichts machen, sondern unsere Schwäche zugeben und Gott und seinen Geist wirken lassen. Gott ist in den Schwachen mächtig. Wir sollen Gottes Verheißungen ernst nehmen und Gott nicht durch unsere eigene Mutlosigkeit und unsere Mittelmäßigkeit beleidigen. *Beispiel:* Warum ist David ein großer König geworden und nicht Saul? Saul war doch groß, schön und perfekt und alle haben ihn geliebt. Weil David Gott gehorsam war! Warum hat Gott Mose erwählt und nicht Aaron, obwohl der viel besser reden konnte und kein Mörder war? Weil Gott es so wollte! Warum ein Petrus? Paulus? Johannes? Jakobus? Du?

»Ich habe keine Zeit!«:
Sind wir doch mal ehrlich. Wofür verbrauchen wir unsere Zeit? Fernsehen, Hobby (Fußball, Fahrradfahren, Computer, Weggehen etc.), zu viel Arbeit (Ehrgeiz, Geld), sinnlose Gespräche, schlechte Bücher etc.? *Beispiel:* Ich habe einmal einen Jugendlichen gefragt, ob er in der Teenarbeit mitarbeiten möchte. Er sagte, er würde das echt gerne machen, aber er hätte keine Zeit! Schule, arbeiten um etwas Geld zu verdienen, dazu Fußballverein, da bliebe leider überhaupt keine Zeit mehr übrig. Sorry! Dann befreundete er sich und hatte plötzlich drei bis vier Abende in der Woche Zeit für seine Freundin! Wie ist das möglich? Die Liebe macht das möglich!

»Ich habe das schon gemacht!«:
Ich habe meinen Nachbarn schon mal eingeladen und auch schon mal für ihn gebetet, aber der »Ungläubige« macht ja sowieso, was er will! Ich habe schon versucht, mich zu ändern, aber es klappt ja nicht! Ich habe schon mal irgendwo mitgearbeitet, hat mir nichts gebracht. *Beispiel:* Petrus und der Fischzug. Petrus hatte die ganze Nacht gefischt und nichts gefangen, doch dann hat Jesus ihn noch einmal auf den See Genezareth geschickt. Eigentlich völliger Schwachsinn, aber Petrus war gehorsam, vertraute Jesus und ist losgepaddelt – und hat einen fetten Fang gemacht! Der Unterschied: Petrus war gehorsam. Er tat es, weil Jesus ihn gebeten hatte.

 **YourStyle:**

- Was prägt deine Gedanken? Mit was und wem verbringst du deine meiste Zeit?

- Wo oder was hast du dir schon zum x-ten Mal vorgenommen? Schreibe diese Dinge auf und überlege, was du nach diesem Kapitel ändern könntest.

♥ **JesusStyle:**

- Schreibe die negativen Gedanken auf, die immer wieder in dir aufkommen.

- Bekenne sie einem Menschen und Gott.

- Übe dein neues Denken ein. Schreibe die Bereiche auf, wo du Jesus mehr Macht geben möchtest.

JesusWeek 4

Mache, was Jesus kann!

 YourStyle:

- Was kannst du an dir selbst nicht annehmen?

- Welchen Lügen glaubst du? Was für »alte Gedanken« bestimmen dein Leben?

Erzähle deine Geschichte

Sei ehrlich vor Gott und vor dir selbst:
Helen, 17 Jahre, erzählt, wie sie sich selbst sieht:

Also, bei mir sieht dieses Thema, wenn ich ehrlich bin, ziemlich schlimm aus. Es ist schon ungefähr fünf Jahre wichtig für mich; so seit ich einigermaßen selbstständig denken kann, setze ich mich damit auseinander.

Ich weiß, dass ich sehr selbstbewusst rüberkomme, aber davon ist viel nur gespielt. Und auch wenn ihr's mir nicht glaubt: ich stehe oft zu Hause vor dem Spiegel und heul, weil ich mich selbst so hässlich finde und unzufrieden mit mir bin.

Das sind einmal Äußerlichkeiten wie zum Beispiel Nase, Oberschenkel, ein paar Kilo zu viel an Po und Bauch. Ich glaube, dass das hauptsächlich vom Schönheitsideal in unserer Gesellschaft kommt. Ständig sieht man im Fernsehen eine Heidi Klum nach der anderen daherkommen und es heißt immer, wenn du so aussiehst, finden dich alle toll. Und wenn ich mich dann grade wieder hässlich finde und jeden Morgen mein Spiegelbild ankotzen könnte, vergleiche ich mich noch mehr mit anderen Frauen und schneide den ganzen 90-60-90-Ladys gegenüber schlecht ab. Vielleicht kennt das der/die eine oder andere von euch ...

Das Zweite sind Dinge, die tiefer gehen; charakterliche Dinge, bei denen ich mir immer »in den Hintern beißen« könnte, wenn ich sie schon wieder gemacht habe, aber auch zu hohe Maßstäbe, die ich mir setze. Dann erfülle ich meine eigenen Maßstäbe nicht, bin gegen-

über meiner »Traum-Helen« eine Null und fühle mich wieder blöd.

So geht das schon ziemlich lange. Es gab immer wieder ein Auf und Ab:

Ich habe echt schon viele Neuanfänge gestartet und zu Gott gesagt: »Jetzt nimm mir das alles doch bitte endlich weg, ich habe keinen Bock mehr drauf. Es macht mich fertig!« Auf Teenstreet 2004 habe ich es sogar mit vielen anderen Jugendlichen zusammen »wegbeten« lassen, doch leider hat das alles nicht viel gebracht. Es hat – wenn´s hochkam – ein paar Monate gehalten, doch dann kam alles wieder.

Es gibt ein Anbetungslied, das mit diesen Zeilen anfängt: »You formed me with your hands, how perfect are your plans ...« – immer, wenn ich das singe, ist es, als würde etwas in mir drin zerbrechen. Ich fühle mich unehrlich und »bescheiße« mit meinem Kopf und meiner Zunge mein Herz.

Ja, im Kopf weiß ich, was richtig ist und wie ich über mich denken soll. Ich weiß auch, dass ich Gott damit wehtue, wenn ich mich schlecht finde. Ich unterstelle ihm damit einen Fehler und sage ihm, dass seine Schöpfung nix geworden ist. Irgendwie fühle ich mich, wenn ich daran denke, immer so, als würde ich ihm ins Gesicht spucken. Ich bin mir dieser Sünde echt bewusst, aber ich kann – ich weiß, das hört sich wie eine billige Ausrede an – dagegen nichts machen. Dieses Wissen ist einfach noch nicht ins Herz gerutscht und ich habe echt Probleme damit, Gottes Liebe für mich anzunehmen. Meine Gefühle und Gedanken bestimmen mich in diesem Punkt total. Meine besten Freunde können davon eine Lied singen: Es kommt öfters vor, dass ich aus heiterem Himmel zu heulen anfange.

Ich habe bei mir auch bemerkt, dass ich mich manchmal solchen Gedankenstrudeln, die mit einem Satz wie »Mist, die sieht viel toller aus als ich« anfangen, absichtlich hingebe. Das hört sich total komisch an, aber es ist echt so. Ich habe manchmal nicht die Kraft (oder keine Lust?), zu diesen Gedanken STOPP zu sagen. Ich könnte ja mit einem Satz wie »Aber das stimmt nicht, ich weiß, dass Gott mich wunderbar geschaffen hat.« gegensteuern, aber ich mache es viel zu selten. Und danach bin ich ganz am Boden und mir hilft nichts und niemand mehr.

Schreibe deine Geschichte auf.

Da, wo sich in deinem Leben Lebenslügen eingeschlichen, ja eingenistet haben:

Lies dir dieses Lied durch, es ist ein Gebet, das Gott zu dir spricht:

»Wertvoll«

Mein Kind, aus Liebe sehe ich nichts,
was hässlich an dir sein soll.
Kein Sand im Getriebe, kein Schatten im Licht.
Für mich bist du einfach wertvoll.
Dein eigener Zweifel an deinem Wert
entspricht nicht der Wirklichkeit.
Deine Würde zu achten, ist nicht verkehrt.
In dir steckt meine Herrlichkeit.

Ich seh deinen Wert, dein wirkliches Wesen.
Das, was dich ehrt, kann ich in dir lesen.
Ich kenne dein Herz, was auch geschieht.
Ich bin der Herr, der dich sieht.

Nicht, dass du über den anderen stehst.
Du bist von Natur aus schwach.
Doch gab ich mein Leben, damit du lebst.
Ich trug dein Versagen, deine Schmach.
Das Dunkel wird durch mich zum hellen Licht,
erhebe dich aus dem Staub
und leb dein Leben in Zuversicht,
weil ich an deine Bedeutung glaub.

Ich hab dich in meine Hände gezeichnet.
Dein Leben ist stets vor mir.
Ich hab jedes Haar auf deinem Haupt gezählt
und weiß wirklich alles von dir

Text und Melodie:
Martin Pepper [6]

❤ JesusStyle:

- Welche Aussagen in dem Lied willst du am liebsten gar nicht glauben?

- An welchen Punkten möchtest du Jesus bitten, dass er dein Denken verändert? Wie soll sich das diese Woche konkret zeigen?

- Erzähle einer Person deines Vertrauens, welche Gedanken das sind und bitte sie, dass sie mit dir und für dich betet!

JesusWeek:

Schreibe sieben Dinge auf, die du an dir magst und gut findest, vom Aussehen bis hin zu deinen Fähigkeiten! Dann danke Gott jeden Tag für eine Sache:

Tag 1: _____

Tag 2: _____

Tag 3: _____

Tag 4: _____

Tag 5: _____

Tag 6: _____

Tag 7: _____

Kapitel 5:
JesusStyle
. Bock auf Bibellesen! .

»Gebt den Worten von Christus viel Raum in euren Herzen. Gebraucht seine Worte weise, um einander zu lehren und zu ermahnen.«

Kolosser 3,16

»Ich versteh immer noch nicht alles, aber ich habe wieder Lust am Bibellesen bekommen.«
Johannes, 19 Jahre

Warum

es sich lohnt, das Original zu lesen!

»Ich lese nicht immer in der Bibel, aber manchmal spricht sie in mein Leben hinein. Das ist echt krass.«

Marcel, 18 Jahre

Die Bibel ist ein einzigartiges Buch, ein Buch, das sich von allen anderen Büchern auf unserem Planeten unterscheidet. Nicht nur, weil es das meist verkaufte oder das meist gelesene oder das meist übersetzte Buch ist, sondern weil es ein lebendiges Buch ist. Ein Buch, das zu jeder Zeit in das Leben seiner Leser hineinspricht und es verändern kann!

Die Bibel lebt!

Ein früherer Studienkollege von mir ist Türke und in der Türkei aufgewachsen. Er heißt Mehmet, ist moslemisch erzogen worden und hat streng nach dem Koran gelebt. Er hat seine Beziehung zu Allah sehr ernst genommen und versucht die Gebote des Korans zu befolgen. Mit 17 Jahren machte er sich auf eine lange Bergtour, um über sich nachzudenken. Mitten in den Bergen begegnete er plötzlich einem Hund, einem kleinen braunen Hund, der wie aus dem Nichts vor ihm stand und ihn wild anbellte. Mehmet blieb stehen und wartete auf den Besitzer, aber niemand kam. Nach einer Weile wurde er unruhig und fragte sich, was dieser Hund in dieser verlassenen Gegend denn wollte. Der Hund wollte vor allem die Aufmerksamkeit von Mehmet. Er lief auf ihn zu, drehte dann um und lief immer in eine bestimmte Richtung. Endlich begriff Mehmet und er lief dem Hund nach. Jetzt gab dieser Ruhe und lief Mehmet voraus. Der konnte es gar nicht fassen und lief staunend und fragend dem Hund hinterher. Die Wege wurden immer enger und Mehmet wusste bald nicht mehr, wo er überhaupt war. Plötzlich standen sie vor einem kleinen Haus mit Garten. Mehmet blieb stehen, doch der Hund rannte hinein. Mehmet wusste wieder nicht, was er tun sollte, die ganze Situation kam ihm zu unwirklich vor, wie in einem Film. Der Hund fing nun wieder an wild zu bellen und ließ keine Ruhe, bis Mehmet sich auf den Weg ins Haus machte. Mehmet rief, ob jemand da sei, aber niemand meldete sich. Mit klopfendem Herzen ging er hinein, der Hund immer voraus, bis in die Küche. Dort sprang der Hund auf eine kleine Eckbank, die vor einem Tisch und einem Fenster stand. Mehmet setzte sich und wusste nicht, was er machen sollte. Nichts geschah. Der Hund verkroch sich und Mehmet saß auf der Eckbank, schaute auf den Tisch und zum Fenster hinaus. Keine Ahnung, was er hier sollte. Dann entdeckte er auf dem Fenstersims ein Buch. Neugierig nahm er das Buch in seine Hände: Die Bibel. Noch nie hatte Mehmet eine Bibel in Händen gehalten und hatte das auch nie vorgehabt, doch heute war alles anders. Er begann im Neuen Testament zu lesen. Er las und las, die Stunden vergingen – und Mehmet verstand plötzlich alles. Jesus begegnete ihm in der Bibel. Die Bibel lebt, sie sprach zu ihm und ihm wurde klar, dass er Vergebung brauchte und dass Jesus für ihn gestorben war. Mit Tränen in den Augen begann er zum ersten Mal in seinem Leben mit Jesus zu reden. Er fühlte sich großartig. Er nahm die Bibel, verließ das Haus und ging nach Hause. Zu Hause war niemand begeistert über seine Geschichte, alle hielten ihn für einen Spinner. Manche aus seiner Familie wurden richtig böse auf ihn. Also machte er sich auf den Weg nach Deutschland, um Jesus noch besser kennenzulernen. Außerdem wollte er die Bibel studieren, er wollte alles über dieses lebendige Wort Gottes wissen, das sein Leben so radikal verändert hatte!

Jesus hat alles für dich getan und gibt dich nicht gleich wieder auf! Was wäre er für ein Gott, der dich gleich wieder kickt, wenn du es nicht schaffst, das zu tun, was er angeblich von dir will! Es gibt immer wieder Christen, die die Bibel als schwarzes moralisches Buch verstehen, das uns genau vorschreibt, was wir zu tun haben und was nicht. Aber die Bibel ist vor allem eine fantastische Liebeserklärung von Gott an den Menschen!

Die Bibel und der Heilige Geist

Hast du schon mal Satellitenfernsehen gesehen ohne Receiver? Stimmt, geht nicht! Der Receiver bündelt die aufgefangenen Strahlen (mit denen wir so gar nichts anfangen können) und wandelt sie in ein tolles Bild um. Der Heilige Geist tut etwas Ähnliches. Er macht uns die Bibel für unser Leben verständlich! Der Heilige Geist macht die Bibel lebendig für uns, sodass wir sie verstehen können. So wird die Bibel wirklich zu etwas Lebendigem und spricht in unser Leben, in unseren Alltag hinein. Wenn wir die Bibel lesen, dann lesen wir sie aber auch immer als ganz normaler Mensch und das ist auch gut so. Dies bedeutet, dass wir sie als eine bestimmte Persönlichkeit, als jemand, der in einem ganz bestimmten Umfeld aufgewachsen ist, als jemand, der einen eigenen Glaubensstil hat, lesen. All diese Dinge können unser Bibellesen beeinflussen. Deshalb kommt es öfters vor, dass Christen einzelne Bibelstellen ganz unterschiedlich verstehen oder interpretieren. All das weiß Gott und ich bin mir ganz sicher, dass er auch darüber wacht. Für uns ist es deshalb wichtig, auch beim Bibellesen möglichst ehrlich zu Gott und zu uns selbst zu sein.

Außerdem gibt es tolle Hilfsmittel zum Bibellesen von Leuten, die sich schon richtig viel Mühe gemacht haben (hoffentlich mit Hilfe des Heiligen Geistes), damit andere (wie du und ich) die Bibel leichter verstehen können! Da gibt es Bibellexika, Bildbände, Karten, Erklärungen für die einzelnen Texte (so genannte Kommentare) und vieles mehr!

Die Bibel, ein richtiges Geschichtsbuch

Die Bibel ist eines der bestbelegten Bücher und Jesus eine der bestbelegten Personen in der Weltgeschichte. Wer zweifelt schon daran, dass

Cäsar oder Plato gelebt haben? Niemand! Sie stehen in unseren Geschichtsbüchern. Wenn man aber mal genau hinschaut und historische Belege aus der Zeit ihres Lebens sucht, findet man kaum etwas (siehe Tabelle [7]). Bei Jesus ist das anders. Es ist um ein Vielfaches besser belegt, dass Jesus gelebt hat und dass die biblischen Zeugnisse wahr sind als bei vielen anderen Personen der Geschichte. Historisch gesehen gibt es also kaum einen Zweifel an der Tatsache Jesus!

Wie ist die Bibel aufgebaut?

im Alten Testament (AT):
1. **Geschichtsbücher (17):**
   von 1. Mose bis Ester
2. **Lehrbücher oder poetische Bücher (5):**

   von Hiob bis Hohelied
3. **Prophetische Bücher (17):**
   von Jesaja bis Maleachi

im Neuen Testament (NT):
1. **Geschichtsbücher (5):**
   Evangelien und Apostelgeschichte
2. **Lehrbücher (21):** Briefe
3. **Prophetisches Buch (1):** Offenbarung

Autor	wann geschrieben	früheste Abschrift	Zeitspanne (Jahre)	Anzahl/ Abschriften
Caesar	100-44 v.Chr.	900 n.Chr.	1000	10
Plato	427-347 v.Chr.	900 n.Chr.	1200	7
Aristoteles	384-322 v.Chr.	1100 n.Chr.	1400	5
Zum Vergleich:				
Neues Testament	40-100 n.Chr.	125 n.Chr.	25	2400

JesusStyle · Bock auf Bibellesen!

Die Bibel ist der größte Bestseller aller Zeiten, kein Buch wurde öfter verkauft und in mehr Sprachen übersetzt! Viele Millionen Menschen haben die Bibel gelesen und waren von ihr begeistert, auch viele »Promis«. Ein paar sollen jetzt selbst zu Wort kommen:

»Mir bereiten nicht die unverständlichen Bibelstellen Bauchweh, sondern diejenigen, die ich verstehe.«

Mark Twain, Schriftsteller

»Es gibt begnadete Maler, die mit wenigen Strichen eine ganze Landschaft festhalten können. Ich glaube, in dieser Kunst ist auch die Heilige Schrift Meisterin. Sie sagt nur ein paar Worte; aber es will uns scheinen, als hätte sie mit einem Schlage uns alle und unsere Lage erfasst.«

Johannes Busch, Pfarrer und Evangelist (1905-1956)

»Ich glaube, dass die Bibel allein die Antwort auf all unsere Fragen ist und dass wir nur anhaltend und demütig zu fragen brauchen, um die Antwort von ihr zu bekommen.«

Dietrich Bonhoeffer, Theologe und Widerstandskämpfer im Dritten Reich (1906-1945)

»Je mehr wir das Evangelium lesen, desto stärker werden wir sein.«

Papst Pius X. (1835-1914)

»Da ist die Bibel wie ein guter Pop-Song – jeder kann sich wiederfinden. Alles, was ich aus der Bibel lesen kann, bestätigt mich in meinem Wissen, dass es kurz vor knapp ist. In der Bibel steht alles über unser Leben und über diese Welt. Ich denke, dass uns viele Sachen wegbrechen werden: Das Geld, Inflation, Börsencrash.«

Xavier Naidoo, Sänger

Die

Top Ten der »Lustmacher«

Bibellesen muss nicht langweilig sein, sondern ist richtig spannend! Manchmal ist es hilfreich, wenn du auf verschiedene Art die Bibel liest, das gibt Abwechslung und macht richtig Spaß! Also, schau dir die verschiedenen Tipps einmal an und probiere sie aus!

1. Das Klartext-Modul

- Was ermutigt mich an diesem Text?
- Was provoziert mich an diesem Text?
- Was macht mich nachdenklich?
- Was fordert meine Aktion heraus?
- Welche Brücke lässt sich vom Text zu meinem Alltag schlagen?

2. Big Adventure Modell (Teenstreet-Modell)

- **Nachdenken**: Denke über dich und deine Situation nach, in der Schule, Familie etc. Wo laufen Dinge gut, wo gibt es Schwierigkeiten? Wo kommt Gott vor?

- **Bibellese**: Lies einen Abschnitt in der Bibel und denke darüber nach, was er bedeutet!

- **Hören**: Versuche auf Gott zu hören, seine Stimme für dich zu erkennen. Nimm dir eine Zeit der Ruhe und achte auf das, was du denkst!

- **Gebet**: Sage alles, was du denkst, Gott!

3. Die Pozek-Methode:

Versuche folgende fünf Dinge herauszubekommen und du bekommst einen guten Überblick über den Text.
- Personen
- Ort
- Zeit
- Ereignis
- Kernaussage

Was bedeutet der Text für mich?
Was kann ich heute für mich lernen?

4. Die Bibel hören

Kauf dir die Bibel auf CD, Kassette oder MP3 und hör sie dir mal an! Wenn du kreativ bist, kannst du sie dir auch selbst aufnehmen.

5. Dein Charakterbuch

Schreibe dein eigenes Charakterbuch für Leute aus der Bibel.
Schreibe Stärke, Schwäche, Freunde, Wohnort, Beruf, Besonderheiten, Beziehung zu Gott etc. von einzelnen Personen in der Bibel auf. Das ist super spannend und du kannst eine Menge von den einzelnen Charakteren der Bibel lernen. Außerdem lernst du einzelne Personen ganz neu kennen und achtest viel mehr auf Details, die du vorher oft überlesen hast!

6. Die Kreativ-Methode

Versuche den Text in einem Bild zu malen oder male, was dir wichtig geworden ist! Ein Bild sagt manchmal mehr als tausend Worte! Du kannst auch versuchen, etwas zu basteln, ein Symbol zu erstellen, dass dich an das erinnert, was dir wichtig geworden ist!

7. Memory-Methode

Versuche doch mal einen Text oder einen Vers auswendig zu lernen! Du wirst sehen, dass das etwas völlig anderes ist, als nur zu lesen, und Gott ganz anders zu dir spricht!

8. Vers und mehr!

Schreibe einen Vers aus der Bibel auf ein Blatt Papier und hänge es irgendwo sichtbar in deinem Zimmer auf. Schreibe jetzt eine Woche lang auf, was dir dazu einfällt! Du wirst erstaunt sein, was Gott dir durch einen Vers alles zu sagen hat!

9. Farbensystem Bibellesen
Lies die Bibel und markiere dir wichtige Dinge mit verschiedenen Farben, z.B.:
- Rot – spricht mich an
- Gelb – wichtige Aussage in der Bibel
- Blau – Personen in der Bibel
- Grün – Verheißungen in der Bibel

etc.

10. Schatzkiste
Bastle dir eine »Schatzkiste« und schreibe dir Bibelverse, die dir wichtig geworden sind, auf und lege sie da hinein, genauso Gebetserhörungen oder Erlebnisse mit Gott. Du wirst erstaunt sein, was da alles zusammenkommt. In schweren Zeiten kannst du in deine eigene Schatzkiste schauen und nachlesen, was Gott schon alles für dich getan hat.

11. 5 W-Modell:
- **W**er erzählt?
- **W**er kommt im Text vor?
- **W**as wird berichtet?
- **W**ie wird es berichtet?
- **W**arum wird es berichtet?

Was bedeutet es für mich heute?

12. Symbol-Methode:
Schreibe beim Lesen einfach folgende Symbole neben die Verse und tausche dich mit jemand anderem darüber aus! Oder denke allein darüber nach!

! Finde ich wichtig/Coole Stelle
? Verstehe ich nicht/Kommt mir spanisch vor
◊ Möchte ich mir für mich merken/
Spricht mich an

13. Die Pur-Methode
- Was kann ich über Gott, Jesus oder den Heiligen Geist lernen?
- Welche Personen kommen im Bibeltext vor? Wie finde ich ihr Verhalten?
- Gibt es einen Gedanken, den ich mitnehmen möchte, weil er mich herausfordert oder ermutigt?

14. Systematisch durch die ganze Bibel
Schon mal die ganze Bibel durchgelesen? Nein? Mal Bock drauf?! Richtig systematisch durch die ganze Bibel, jeden Tag ein Kapitel im Alten und im Neuen Testament lesen und in ca. vier Jahren bist du komplett durch! Klingt nicht nur cool, sondern ist es auch. Dafür gibt es auch extra Bibellesepläne, bei denen du jeden Tag das abhaken kannst, was du gelesen hast! Bete vor dem Bibellesen zu Gott und dem Heiligen Geist, dass er dir hilft, sein Wort zu verstehen.

 **YourStyle:**

- Wie hast du bisher in der Bibel gelesen?
- Was war daran gut, was hat dich genervt?

 **JesusStyle:**

- Welches »Modell« würdest du gerne Mal ausprobieren? Warum?

»Gott, hilf mir bitte beim Bibellesen.
Ich möchte verstehen, was ich lese, und danach leben.
Danke, dass du bei mir bist!«

Test yourself!

»Das superkleine Bibelquiz«

*Lösungen und Erklärungen
(kursiver Text) auf Seite 74+75.*

1. Wie viele Bücher hat die Bibel?
a) 33   b) 66
c) 99   d) 55

2. In welcher Sprache ist das Alte Testament geschrieben?
a) hebräisch   b) deutsch
c) griechisch   d) ägyptisch

3. Auf was für Materialien wurden die ersten Bücher geschrieben?
a) Papyrus   b) Tontafeln
c) Bambus   d) Zeitungspapier

4. Wie viele Autoren haben in der Bibel geschrieben?
a) 20   b) 30
c) 40   d) 70

5. Was heißt Bibel eigentlich?
a) Bibel   b) Kanon
c) Wort Gottes   d) Buch

6. Wie teuer war die teuerste Bibel aller Zeiten?
a) 1 Mill €   b) 5 Mill €
c) 15 Mill €   d) 50 Mill €

7. Was hat Luther mit der Bibel zu tun?
a) Er hat sie erfunden.
b) Er hat sie ins Deutsche übersetzt.
c) Er hat die besten Stellen rausgesucht.
d) Er hat die schlimmsten Stellen gestrichen.

8. In wie viele Sprachen wurde die Bibel bisher übersetzt?
a) 100   b) 1000
c) 2000   d) 10000

9. Seit wann haben wir die Bibel mit den Büchern, wie wir sie jetzt haben?
a) 110 vor Christus   b) seit Christus
c) 100 nach Christus   d) 200 nach Christus

10. Was sind Apokryphen?
a) ein Buch im Alten Testament
b) Hollywoodhocker
c) die Spätschriften des Alten Testaments
d) ein Bericht über das Ende der Welt

11. Wie viele prophetische Worte im Alten Testament gibt es, die sich im Neuen Testament erfüllen?
a) 222   b) 333
c) 444   d) 111

Bewertung:
9 bis 11 Richtige:
»Bibelkenner« – Du kennst dich schon richtig gut aus in Gottes Wort!
5 bis 8 Richtige:
»Bibelhörer« – Du kennst die bekannten Geschichten in der Bibel schon ganz gut (Kinder- und Jugendstunden??), aber es gibt auch für dich noch super viel zu entdecken!
1 bis 4 Richtige:
»Bibelmuffel« – Für dich kommen die verschiedenen Bibellesehilfen genau richtig!

Erklärungen & Hilfen zu den Lösungen:
1. Wie viele Bücher hat die Bibel?
39 Bücher im Alten Testament und 27 Bücher im Neuen Testament.

2. In welcher Sprache ist das Alte Testament geschrieben?
Mit einer kleinen Ausnahme: Das Danielbuch und das Esrabuch wurde zum Teil auf Aramäisch geschrieben, eine Sprache, die dem Hebräischen ähnlich ist und die zur Zeit von Jesus in Israel gesprochen wurde!

3. Auf was für Materialien wurden die ersten Bücher geschrieben?
Auf Tontafeln gibt es nur Bilder und Zeichen, die der Bibel zugeordnet werden, geschrieben wurde dann erst auf Papyrus!

4. Wie viele Autoren haben in der Bibel geschrieben?
Obwohl so viele Autoren an der Bibel mitgeschrieben haben, ist inhaltlich eine klare »rote Linie« festzustellen!

5. Was heißt Bibel eigentlich?
*Bibel kommt aus dem Griechischen und heißt eigentlich Buch (»**biblo**« biblos)*

6. Wie teuer war die teuerste Bibel aller Zeiten?
Eine handschriftliche Abfassung aus dem 12. Jahrhundert, die die Länder Niedersachsen und Bayern 1983 zusammen ersteigert haben!

7. Was hat Luther mit der Bibel zu tun?
Luther hat die Bibel ins Deutsche übersetzt und hat sie dadurch für alle Deutschen zugänglich gemacht. Das war eine große Revolution, da bis dahin nur Priester die lateinische Bibel lesen konnten. Außerdem hat Luther dadurch die deutsche Sprache maßgeblich geprägt.

8. In wie viele Sprachen wurde die Bibel bisher übersetzt?
In über 2000 Sprachen wurden große Teile der Bibel bisher übersetzt und es werden immer mehr. Die Bibel ist das meistgedruckte und meistgelesene Buch aller Zeiten!

9. Seit wann haben wir die Bibel mit den Büchern, wie wir sie jetzt haben?
Ganz offiziell gibt es die Bibel, wie wir sie jetzt haben, seit 367 n. Chr., aber seit dem 3. Jahrhundert hat sich kaum etwas verändert.

10. Was sind Apokryphen?
Die Apokryphen sind Bücher, die nicht in die Bibel aufgenommen wurden, aber in denen biblische Themen beschrieben werden. Es gibt die Apokryphen des Alten Testaments und des Neuen Testaments. Bei letzteren wird zum Beispiel die Kindheit von Jesus beschrieben, ob das allerdings so war, ist nicht sicher und kann nicht durch genügend andere Funde bezeugt werden, deshalb gehören die Apokryphen nicht zur »richtigen« Bibel.

11. Wie viele prophetische Worte im Alten Testament gibt es, die sich im Neuen Testament erfüllen?
Prophetische Worte sind Bibelstellen aus dem Alten Testament, die über Jahrhunderte Dinge voraussagen, die dann tatsächlich eingetroffen sind! Wie zum Beispiel der Prophet Jesaja, der einige hundert Jahre vor Jesus schon seinen Tod vorausgesagt hat (vgl. Jesaja 53,4-6).

Lösungen:

1. b · 2. a · 3. a · 4. c · 5. d · 6. c · 7. b
8. c · 9. d · 10. c · 11. b

JesusWeek 5

Bock auf Bibellesen!

 YourStyle:

- Kennst du das, dass du etwas wirklich willst? Du hast dir etwas vorgenommen und du schaffst das, egal was die anderen denken! Oder du hast einen Traum und du machst alles, um ihn dir zu erfüllen? Zeit, Geld – alles wird nebensächlich für dein Ziel, das du erreichen möchtest!

Schreibe mal ganz ehrlich auf, was das bei dir ist. Was du dir wünschst, was dir wirklich wichtig ist, was dein Traum ist, dem du alles unterordnest:

_____
_____
_____
_____

♥ JesusStyle:

Jesus hat seinen Style durchgezogen, egal wo er gerade war, wem er begegnet ist oder mit wem er gesprochen hat. Es schien ihm egal, ob das Familie, Freunde, Priester oder Könige waren. Er hat seine Linie knallhart durchgezogen, egal was die gedacht haben oder was für Konsequenzen das hatte. Das finde ich echt stark. Von diesem Style will ich gerne etwas lernen. Jesus war kein Drückeberger oder kein Revolutionär, er wollte nicht beliebt sein oder gehasst werden. Er war einfach nur er selbst und das haben die Leute um ihn herum gemerkt und das hat Auswirkungen gehabt: Alle waren von Jesus und seinem Verhalten beeindruckt, es hat Spuren hinterlassen! Warum war das so?

Lies folgende Stellen über den Style von Jesus:

Matthäus 14,23

Jesus hat sich seine Power von Gott geholt. Er nahm sich Zeit, allein mit seinem Vater zu sein, mit ihm zu reden, auf ihn zu hören, vielleicht auch einfach die Ruhe mit Gott zu genießen, nicht immer von tausend Dingen abgelenkt zu sein. Das war die Grundlage für seinen Style, dadurch hat er erst die Kraft bekommen, ihn durchzuziehen!

Sei mal ganz ehrlich und schreibe auf, was dich abhält, mit Gott Zeit zu verbringen! Kreuze die Dinge an, die auf dich zutreffen:

- ❏ kein Bock
- ❏ verstehe ich eh nicht
- ❏ nützt nichts bei mir
- ❏ Bibel ist langweilig
- ❏ keine Zeit
- ❏ bin immer abgelenkt
- ❏ Gott redet nicht zu mir
- ❏ will ich gar nicht

Versuche deine Antworten zu begründen. Warum ist das bei dir so?

_____
_____
_____
_____

Es ist gar nicht so einfach, sich Zeit für Gott zu nehmen. Trotzdem ist es die Grundlage für einen echten JesusStyle! Nur wenn wir in Verbindung mit ihm sind, können wir auch nur annähernd so leben wie er! Gott will uns die Power dazu geben, wir können und brauchen das nicht selbst zu tun. Das ist wie eine Stereoanlage. Die beste Anlage nützt nichts, wenn sie nicht am Strom angeschlossen ist! Es kommt nur ein genialer Sound raus, wenn der Stecker drin ist! So ist es auch mit unserem JesusStyle: Er funktioniert nicht, wenn wir nicht mit Gott verbunden sind, wenn er uns nicht seinen Strom, seine Power, seinen Heiligen Geist in unser Leben pumpt! Also: »Plug in!« Du musst dich aber dafür entscheiden, ob du es wirklich willst!

Aber was, wenn es trotzdem nicht klappt?

Matthäus 26,36-39

Auch Jesus hatte seine schweren Zeiten, in denen er Hilfe brauchte. Das ist keine Schande, sondern dafür gibt es »Geschwister«, die dir gerne helfen! Jesus hat die Hilfe in Anspruch genommen (auch wenn die Jungs nicht den besten Job gemacht haben). Nimm du auch Hilfe in Anspruch, dafür gibt es die Kleingruppe!

JesusWeek:

»The 10-minute-plug-in-experience«

Versuche diese Woche jeden Tag, eine der verschiedenen Bibellesemethoden aus diesem Kapitel auszuprobieren. Suche dir die sieben aus, die du vom Durchlesen her am besten findest und setze sie in die Tat um. Gib ihnen eine Bewertung von 1-6 (wie in der Schule). So kannst du in dieser Woche sagen, welcher Style dir zurzeit am besten gefällt. Mit dem kannst du weiterarbeiten. (Wenn du nicht genau weißt, was du lesen sollst, dann fang doch einfach bei Lukas 9 an

JesusStyle · Bock auf Bibellesen!

und lies jeden Tag etwa zwei Abschnitte, ca. 10 Verse!)

	Style:	Note:
Tag 1:		
Tag 2:		
Tag 3:		
Tag 4:		
Tag 5:		
Tag 6:		
Tag 7:		

Mein Favorit für die nächsten Tage ist:

_____

_____

_____

_____

Du kannst das Experiment auch jederzeit wiederholen. Spaß macht der Test auch, wenn man ihn mit mehreren Leuten zusammen macht!

Kapitel 6:
JesusStyle
▪ Mit Jesus per du! ▪

»Gottes Liebe zu uns zeigt sich darin, dass er seinen einzigen Sohn in die Welt sandte, damit wir durch ihn das ewige Leben haben.« 1. Johannes 4,9

»Jesus wurde mir vom anonymen Gottes-Sohn zum persönlichen Mentor, der mit mir geht und mit Interesse an mir arbeitet.«
Sandra, 26 Jahre

JesusStyle · Mit Jesus per du!

Was
heißt es, Jesus zu folgen?

»Es ist mir wieder neu bewusst geworden, was Jesus für mich getan hat und dass er mein Leben mit mir teilen möchte.«

Helen, 17 Jahre

Mit Jesus zu leben, ist nicht immer Zuckerschlecken, heißt nicht: Jesus mein Problemlöser, der erledigt das schon! Sondern mit Jesus leben heißt, sich herausfordern zu lassen – in meiner Beziehung zu ihm, in meiner ganzen Persönlichkeit. Und das manchmal auch über das normale menschliche Maß hinaus. Jesus sagt zu seinen Nachfolgern manchmal Sätze wie: »Wer alles gewinnen will, wird alles verlieren!« Oder: »Verlasse alles und folge mir nach!« Das sind richtig herausfordernde Sätze und das Coolste ist, dass Jesus meint, was er sagt. Es ist leicht, jemand zuzujubeln. Es ist leicht, sonntags in die Kirche zu gehen. Es ist leicht, in der Not zu Jesus zu kommen. Aber wie sieht es im Alltag aus? Wie sieht es aus, wenn man mit Jesus wirklich per Du ist. In Lukas 9,23-27 fordert Jesus uns Menschen heraus:

Dann sagte er zu der Menge: »Wenn einer von euch mit mir gehen will, muss er sich selbst verleugnen, jeden Tag aufs Neue sein Kreuz auf sich nehmen und mir nachfolgen. Wer versucht, sein Leben zu retten, wird es verlieren. Aber wer sein Leben für mich aufgibt, wird es retten. Was nützt es, die ganze Welt zu gewinnen, aber dabei an der eigenen Seele Schaden zu nehmen oder sie zu verlieren? Wer sich meiner oder meiner Botschaft schämt, dessen wird sich der Menschensohn auch schämen, wenn er in seiner Herrlichkeit und in der Herrlichkeit seines Vaters und der heiligen Engel wiederkommt. Und ich sage euch: Einige von denen, die jetzt hier stehen, werden nicht sterben, ehe sie das Reich Gottes gesehen haben.«

Jesus kennt uns Menschen. Er weiß, dass wir uns ohne Ziel nur um uns selbst drehen und unzufrieden mit uns und unserer Umwelt werden. Ohne Ziel fehlt uns die Richtung und der Weg unseres Lebens. Es fehlt uns die Kraft und Energie, unser Leben zu gestalten! Paulus spricht davon, dass wir den Siegespreis nur erhalten, wenn wir das Ziel erreichen. Ich kann das Ziel aber nur erreichen, wenn ich es kenne, es sehe, darauf zulaufen kann!

- **Was ist dein Ziel? Was treibt dich an? Karriere, Geld, Hobby, Freunde, Fernsehen, Gemeinde?**

Jesus spricht in unserem Text seine Jünger darauf an: Wenn ihr mir nachfolgt, ist diese Frage geklärt: Eurer Ziel ist es, mir nachzufolgen, mein Kreuz auf euch zu nehmen. Dabei werdet ihr euer Leben finden, eure Sehnsucht gestillt, euer Ziel erreichen! Aber das geht nicht halbherzig, nicht nebenbei, einfach so, sondern nur, wenn du alles hineinlegst, um diesem Jesus nachzufolgen! Aber Jesus sagt auch, dass dies kein Angebot ist, sondern dass er das als Vorgabe gibt: »*Wer mir folgen will, muss sich und seine Wünsche aufgeben, muss Tag für Tag sein Kreuz auf sich nehmen und auf meinem Weg hinter mir hergehen!*« Entweder Gehorsam und Nachfolge oder nicht, es gibt keine anderen Möglichkeiten! Jesus geht voran und du hinterher!

Was heißt es, »das Kreuz« auf sich zu nehmen?

Das wird oft missverstanden. Gerade wir im Westen wissen nicht mehr, was es heißt um Christi willen zu leiden. Deshalb müssen wir mit dem Begriff sehr vorsichtig umgehen. Das Kreuz auf sich nehmen, bedeutet nicht, blind um Jesu willen zu leiden, sich selbst in schwere Situationen zu bringen. Darum geht es wirklich nicht. Dietrich Bonhoeffer drückt das sehr schön in seinem Buch Nachfolge aus:

»Kreuz ist nicht Ungemach und schweres Schicksal, sondern es ist das Leiden, das uns aus der Bindung an Jesus Christus allein erwächst.«

Für mich heißt dies in meinem Alltag: Sich selbst in den Hintergrund stellen und Christus groß werden lassen – egal, was für Konsequenzen das hat. Er bestimmt mein Leben – egal, was das kostet; egal, was andere sagen; egal, ob es mir dabei gut oder schlecht geht! Tag für Tag: Hier wird ein Prozess beschrieben, es geht nicht einfach so hopplahopp: ein Gebet und alles ist gut! Sondern sich jeden Tag an Jesus ausrichten, seine Hilfe in Anspruch nehmen, sich in Gemeinschaft korrigieren lassen und Jesus erleben. Ihn fragen, was er mit deinem Leben vorhat! Lukas 9,25:

Was nützt es, die ganze Welt zu gewinnen, aber dabei an der eigenen Seele Schaden zu nehmen oder sie zu verlieren?

Natürlich möchte ich beliebt und glücklich sein, strebe ich nach Erfolg und Anerkennung. Das ist auch normal und gut – mit einer Einschränkung: Bestimmt diese Sehnsucht mein Leben? Über was denke ich die meiste Zeit nach? Was beschäftigt mich, wenn ich mal Pause habe? Es ist immer leicht, davon zu reden, Jesus alles zu geben, aber es ist enorm schwer, das auch zu leben. Mich hat ein Lehrer der *Missionary Training School* sehr beeindruckt. Er hieß Viv Thomson und sein Unterricht war sehr spannend. Eines Nachmittags setzten wir uns zusammen und ich wollte einfach mehr aus seinem Leben wissen. Er war früher Manager einer großen Chemiefabrik in England und ein sehr reicher Mann mit mehreren Häusern und Autos gewesen. Irgendwann fragte er Gott, was der Plan für sein Leben sei. Gott sagte ihm, er solle als Missionar nach Indien gehen. Das war eine schwere Entscheidung für Viv. Doch er war gehorsam und nach einem Jahr Planung und Vorbereitung verkaufte er alles, was er hatte, spendete es der Missionsgesellschaft und ging mit seiner Familie nach Indien. Dort lebte er acht Jahre unter den Ärmsten der Armen, missionierte und half beim Aufbau von Krankenhäusern etc. Nach acht Jahren war sein Auftrag zu Ende. Er kam mit seiner Familie zurück nach England und hatte keine Ahnung, wie es weitergehen sollte. Nach einer Woche bekam er telefonisch ein Stellenangebot als Manager einer großen Fabrik (inkl. eines Hauses und eines Dienstwagens). Unglaublich, wie Gott sich um ihn und seine Familie sorgte! Am Ende unseres Gesprächs sagte er zu mir: »Gott nimmt Geld und Häuser und er gibt es dir wieder. Kümmere du dich um die wichtigen Dinge Gottes!«

 YourStyle:

- Was ist dir an materiellen Dingen wichtig?

- Woran hängt dein Herz?

♥ JesusStyle:

- Wie würdest du reagieren, wenn Jesus dich bitten würde, Dinge von YourStyle aufzugeben?

Wohin
mit deinem Müll?

»Ich hab schon 1000 Pleiten mit JesusStyle erlebt und trotzdem weiß ich, dass Jesus mir immer wieder vergibt und dass es dann weitergeht.«

Samuel, 20 Jahre

In dem Film »The Mission« bringt die Hauptfigur Rodrigo Mendoza (gespielt von Robert de Niro) in einem Streit um eine Frau seinen Bruder um. Als Buße tritt er in einen Jesuitenorden ein und versucht eine riesige Last (symbolisiert seine Schuld) mitten in den Urwäldern auf einen Berg zu schleppen. Diese Last besteht aus verschiedenen Gegenständen, die in einem riesigen Netz zusammengefasst sind. Rodrigo versucht alles. Es beginnt ein tagelanger Kampf gegen diese Last, die Natur und seinen Willen zur Buße. Er denkt, er bekommt nur Vergebung, wenn er es schafft, diese »Wallfahrt« zu Ende zu bringen. Als ich diese Szene gesehen habe, dachte ich, dass es vielen Menschen so geht: Sie schleppen eine riesige Last mit sich herum, Schuld und Verletzungen, die einem das Leben so schwer machen. Manchmal scheint die Last sogar so groß zu werden, dass man sie kaum noch ertragen kann. Aber statt diese Last loszuwerden, versucht man alles, um sie zu rechtfertigen (»Jeder hat sein Paket zu tragen.«; »Andere haben es noch schwerer.«) oder zu leiden (»Ich Armer, muss ja so viel ertragen!«; »Mir geht es so schlecht!«). Genau dafür ist Jesus in die Welt gekommen, um uns von den Lasten der Sünde, die unser Leben kaputtmachen wollen, zu befreien. Dafür ist Jesus ans Kreuz gegangen und hat dort unsere Schuld auf sich genommen. Sie war so schwer, dass er dafür einen schrecklichen Tod gestorben ist. Aber er hat es für uns getan, für dich und für mich! Damit wir unsere Lasten nicht mehr durch unser Leben schleppen müssen, sondern sie ans Kreuz bringen können. Nur dort gibt es Vergebung von unseren Lasten, nur dort werden wir davon befreit!

Und was machen wir mit dem Angebot? Was machen wir mit unseren Lasten? Was hat in unserem Leben Priorität?
- *Warum putzen wir unser Zimmer und kehren den Dreck unseres Lebens unter den Teppich?*
- *Warum frisieren wir uns jeden Tag die Haare und kümmern uns nicht um unser Herz, unsere Seele?*
- *Warum muss unser Äußeres immer cool aussehen und unser Innerstes gammelt vor sich hin?*

Es ist eigentlich unglaublich, dass wir uns mehr Sorgen um unser Äußeres machen als um unser Inneres. Dass es uns wichtiger ist, was die Leute über uns denken – über unser Aussehen und Auftreten, über unser Zimmer oder unser Handy. Gleichzeitig ist es eigentlich klar, dass uns der Ballast unseres Lebens auf Dauer völlig kaputtmacht.

Was sammelt sich so an Müll in unserem Leben?
Lügen, betrügen, lästern, beleidigen und beleidigt werden, andere verletzen und selbst verletzt zurückbleiben. Es gibt so viel, was sich jeden Tag bei uns ansammelt, so viele Dinge, die unser Leben beeinflussen. Wir müssen diesen Müll mittragen: Lebensballast, der das Leben schwer macht! Das alte deutsche Wort »Buße« macht es sehr konkret. Buße heißt eigentlich Umkehr, Umkehr vom falschen Weg! Was nützt es, wenn du mit deinem Lebensauto auf der Autobahn unterwegs bist, erkennst, dass du in die falsche Richtung fährst, und sagst: »Oh Mann, ich fahre in die verkehrte Richtung, jetzt muss ich aber mächtig Gas geben!« Du trittst auf die Tube und fährst statt mit 130 km/h mit 200 km/h weiter! Du wirst zwar schneller, aber die Richtung bleibt falsch und du wirst nicht ans Ziel kommen. Viele Medien sagen uns: Du musst dein Leben »better, faster, bigger, more« gestalten, dann wird alles besser. Immer das Neuste und Beste haben, immer gut dastehen! Aber die Richtung ändert sich nicht! Buße tun bedeutet, die Richtung zu ändern. Mit deinem Auto die nächste Abfahrt zu nehmen und auf die richtige Straße zu fahren! Es kommt nicht auf die Geschwindigkeit an, sondern auf das Ziel und die Richtung!

Zuerst musst du aber erkennen, dass deine Richtung falsch ist, musst zugeben, dass du umkehren musst! Das fällt mir zumindest manchmal nicht leicht, aber es ist die einzige Möglichkeit! Konkret heißt das, zu Jesus zu kommen, ihm alles zu sagen, ihn um Vergebung zu bitten. Er hat zugesagt, dass er dir vergeben wird! Jesus vergibt die Sünden und sagt: »Geh und sündige nicht mehr!« Ist das nicht unmöglich? Wie soll das geschehen? Was bedeutet Vergebung? Unsere Vorstellung ist oft die, dass Gott unsere Sünden in einem riesigen Computer im Himmel speichert. Wenn wir ihn um Vergebung bitten, dann löscht er sie und sie sind weg! Das Bild ist nicht völlig falsch, aber es greift zu kurz! Sünde ist nicht nur etwas, das uns von Gott und seiner Heiligkeit trennt. Sünde ist auch etwas, was uns kaputtmacht, was uns zerstört! Stück für Stück breitet sich die Sünde in unserem Leben aus – wie eine teuflische Krankheit – und fängt an, einzelne Organe (einzelne Lebensbereiche) zu zerstören. Gottes Vergebung, seine Liebe, kann diese Zerstörung nicht nur aufhalten, sondern kann uns davon heilen! Sie kann unser kaputtes Leben wieder Stück für Stück erneuern! Das ist die Kraft der Vergebung (1. Johannes 1,9)!

Doch wenn wir ihm unsere Sünden bekennen, ist er treu und gerecht, dass er uns vergibt und uns von allem Bösen reinigt.

Manchmal muss dabei der eigene Stolz überwunden werden, aber nur so können wir heil werden an unserem inneren Menschen. Nur so können wir zu gesunden Persönlichkeiten werden, da die Schuld uns sonst langsam von innen heraus vergiftet.

Auf Rembrandts Bild »Der verlorene Sohn« ist ein Vater zu sehen, der einen Sohn in die Arme nimmt. Ein gütiger Vater, der voller Liebe und Erbarmen seinem Sohn vergibt. Dieses Bild in Farbe und Stimmung trifft Gott den Vater wunderbar. Der Vater zieht dem zurückgekehrten Sohn den Ring wieder an! Das bedeutet, dass dieser wieder voll erbberechtigt ist. Hier gibt es kein Nachtragen, keine Moral, sondern echte Liebe und Vergebung. Das schaffe ich oft nicht, aber beim Vater ist es möglich, einfach da zu sein, und die Vergebung anzunehmen und wieder völlig hergestellt zu werden. Ein unglaubliches Bild! Eine unglaubliche Liebe!

Du findest das Bild auf: www.jesusstyle.de

Nimm dir mal ein paar Minuten Zeit und schau dir das Bild genau an. Denke daran, dass Gott der Vater ist und du die Tochter / der Sohn in seinem Arm. Schreibe auf, was du dabei fühlst.

- Wo brauche ich die Vergebung von Jesus?

- Welche Bereiche meines Lebens gehören mal wieder gereinigt?

> ❤ **JesusStyle:**
>
> - Wo muss ich vergeben?
>
> - Wem sollte ich vergeben? Bei wem sollte ich mich heute entschuldigen?

Fühle
den Herzschlag

»Die Liebe von Jesus verändert mein ganzes Leben, mein Denken, Handeln und Fühlen!«

Benjamin, 22 Jahre

Hast du das Bild noch im Kopf? (Wenn nicht schau es dir noch mal an.) So nah am Vater hörst du seinen Herzschlag? Wie sieht das bei dir aus? Wie nah oder auch fern bist du vom Vaterherz Gottes? Vielleicht denkst du jetzt: so nah war ich noch nie. Oder du meinst, dass du überhaupt nicht so nah beim Vater sein willst. Einem Freund von mir ging es so. Wir saßen abends zusammen und haben darüber geredet, dass Gott ja wie ein Vater ist und welche Auswirkungen dies in unserem Leben hat. Plötzlich wurde er ganz aggressiv und sagte, dass er diesem Gott, der wie ein Vater ist, überhaupt nicht vertraut und auch keinen Bock hat, so nah bei ihm zu sein. Es wurde immer schlimmer, mein Freund fing an, richtig zornig zu werden. Doch dann begann er plötzlich zu weinen. Ich wusste gar nicht, was ich tun sollte, setzte mich neben ihn und wartete, bis er wieder ruhig wurde. Dann begann er zu erzählen, dass sein Vater ein richtiges Ekel war und immer gesagt hat, dass er nichts taugt und dass aus ihm nie etwas würde, dass es keinen größeren Versager als ihn gäbe. Jetzt wurde mir klar, dass mein Freund von seinem Vater auf Gott den Vater geschlossen hat und dass er deshalb nicht so nah an ihn heranwollte. Ich denke, dass alle Menschen von ihrem leiblichen Vater verschiedenen Eigenschaften, positive und negative, auf Gott projizieren. Doch müssen wir erkennen, egal wie unser Vater auch war, dass Gott anders ist – nicht zuletzt deshalb, weil er ja auch Mutter ist!

Eins steht fest: Du bist Gottes Tochter oder Gottes Sohn! Paulus schreibt das wunderbar in seinem Brief an die Christen in Rom (Römer 8,14-15):

Denn alle, die vom Geist Gottes bestimmt werden, sind Kinder Gottes. Deshalb verhaltet euch nicht wie ängstliche Sklaven. Wir sind doch Kinder Gottes geworden und dürfen ihn »Abba, Vater« rufen.

Wenn wir zu Gott kommen, Vergebung in Anspruch nehmen und mit ihm leben, dann dürfen wir uns Tochter oder Sohn nennen. Gott selbst nennt uns so, weil er uns liebt und mit uns leben möchte. »Abba Vater« heißt so viel wie »Lieber Papa«. Ja, so dürfen wir Gott nennen. Das ist unglaublich. Aber genau so, wie unsere menschliche Vater-Kind-Beziehung manchmal gestört ist, so ist unsere Gottesbeziehung auch manchmal gestört. Deshalb ist es für mich immer wieder wichtig, meine Gottesbeziehung zu hinterfragen und ehrlich zu werden, wo ich gegenüber dem Vater stehe, wie nah oder auch fern ich von ihm bin. Sechs einfache Schritte, die jedoch schwer umzusetzen sind, können unsere Vater-Kind-Beziehung wieder Stück für Stück heilen! Nicht sofort, aber es geht ein heilender Prozess los, der uns – mir und dir – unendlich gut tut, weil er uns zurück in die Gegenwart unseres Vaters bringt!

Schritte der Heilung:

1. Bekenne deine Sünden vor Gott und vor einem Menschen.
2. Vergib den Menschen, die dir Böses getan haben.
3. Nimm die Vergebung von Jesus für dich ganz persönlich an!
4. Empfange die Vaterliebe Gottes. Bitte Gott, dass du sie begreifen und fühlen kannst (vgl. Kapitel 8).
5. Lass die guten Gedanken Gottes über dich zu (vgl. Kapitel 4).
6. Halte durch bis zum Ziel, auch wenn sich nicht gleich alles verändert!

Das Tolle ist, dass Gott dir zusagt, dass er immer bei dir ist, egal, ob du dich nah oder fern fühlst. Er bleibt bei dir und ist immer in deiner Nähe!

YourStyle:

- Wo gibt es in deinem Leben »Verletzungen«, die dir immer noch wehtun?

♥ JesusStyle:

- Versuche einmal diese »Schritte der Heilung« mit einer Sache aus »YourStyle« durchzugehen.

JesusWeek 6

Mit Jesus per Du!

 YourStyle:

Wann hast du das letzte Mal etwas so richtig gewollt? Du hast es dir so gewünscht und alle Hebel in Bewegung gesetzt, dass du es bekommst. Gespart, gearbeitet, ja sogar etwas verkauft, damit du dir diesen Wunsch erfüllen kannst. Und dann hast du es gehabt. Endlich! Was war das?

Schreibe einmal ehrlich auf, was das bei dir ist, was du bereit bist zu investieren und was du unbedingt haben willst (Handy, Moped, Auto, Urlaub etc.):

_____
_____
_____
_____

❤ JesusStyle:

Jesus hat seinen Nachfolgern einmal ein Beispiel erklärt, in dem es um etwas Ähnliches ging, aber lies selbst (Matthäus 13,44-46):

Das Himmelreich ist wie ein Schatz, den ein Mann in einem Feld verborgen fand. In seiner Aufregung versteckte er ihn wieder und verkaufte alles, was er besaß, um genug Geld zu beschaffen, damit er das Feld kaufen konnte – und mit ihm den Schatz zu erwerben!

Da hat einer das Wertvollste gefunden, was er je gesehen hat. Und er ist bereit alles dafür zu tun, alles herzugeben, sozusagen das letzte Hemd zu opfern, um diesen Schatz zu besitzen! Jesus vergleicht diesen Schatz mit dem Reich Gottes, das bedeutet, das Leben mit Jesus. Mit Jesus zu leben, ist das Allerwertvollste auf der Erde, nichts ist vergleichbar mit Jesus. Sind wir Menschen bereit, alles herzugeben, um mit diesem Jesus zu leben? Mann, ich finde das ist eine schwere Frage. Bevor du jetzt leichtfertig »Ja, klar« sagst, überlege erst mal, was das ganz praktisch in deinem Alltag bedeutet!? Ein erfundenes Gespräch von Pastor Ortis hat mir die Reichweite von dem, was Jesus hier sagt, noch einmal ganz praktisch vor Augen geführt:

Wir kommen zum Besitzer der Perle und sagen: »Ich möchte diese Perle kaufen. Wie viel kostet sie?« »Sie ist sehr teuer«, antwortet der Besitzer. »Aber wie teuer?«, lautet unsere Frage. »Nun, sie kostet schon einen Batzen.« »Glauben Sie, ich könnte sie erwerben?« »Selbstverständlich, jeder kann sie kaufen.« »Aber haben Sie nicht gesagt, sie sei sehr teuer?« »Ja.« »Und was kostet sie?« »Alles, was Sie haben«, antwortet der Besitzer. Nach reiflichem Überlegen sagen wir: »Gut, ich kaufe sie.« »Wie viel können Sie bieten?« »Auf meinem Bankkonto liegen 25 000 Euro.« »Schön, was haben Sie noch außer den 25 000 Euro?« »Das ist alles, was ich habe.« »Mehr nicht?« »In meiner Brieftasche sind noch ein paar Euro.« »Wie viel?« Wir fangen an zu suchen. »Dreißig, vierzig, sechzig, achtzig, hundert, hundertzwanzig Euro.« »Prima. Was haben Sie noch?« »Nichts mehr, das ist alles.« »Wo wohnen Sie?«, bohrt er weiter. »In meinem Haus. Ja, ich besitze ein Haus.« »Ich nehme das Haus auch noch dazu.« Er notiert es. »Dann muss ich ja im Wohnwagen wohnen.« »Sie haben einen Wohnwagen? Den auch. Was noch?« »Dann muss ich im Auto schlafen.« »Sie haben ein Auto?« »Sogar zwei.« »Alle beide gehören jetzt mir. Was noch?« »Jetzt besitzen Sie mein Geld, mein Haus, meinen Wohnwagen und meine Autos. Wie viel mehr wollen Sie denn noch?« »Sind Sie allein auf dieser Welt?« »Nein, ich habe eine Frau und zwei Kinder.« »Ihre Frau und die Kinder kommen auch noch dazu.« »Jetzt besitze ich gar nichts mehr! Jetzt bin ich ganz allein.«

Plötzlich sagt der Perlenbesitzer: »Fast hätte ich es vergessen. Sie auch! Alles soll mir gehören: Ihre Frau, Ihre Kinder, das Haus, das Geld, die Autos – und Sie selbst auch!« Dann fährt er fort: »Doch passen Sie auf: Ich überlasse Ihnen einstweilen all diese Dinge. Aber vergessen Sie nicht, ich bin jetzt der Eigentümer und darf frei darüber verfügen, sobald ich etwas davon brauche.« So verhält es sich, wenn wir Christi Eigentum geworden sind.

Jesus fordert zwar manchmal alles von uns, aber er selbst ist bereit, uns auch alles (zurück) zu geben. Ja noch viel mehr. Er hat für uns sein Leben gegeben, damit wir zum Vater kommen können! Wir betonen oft, dass all das, was Jesus gehört, auch uns gehört, und dass Gott uns in Jesus alles schenken möchte, aber wir vergessen dabei, dass alles, was uns gehört, auch Jesus gehört!

JesusWeek:

Was würdest du Jesus nicht zu Verfügung stellen?

Materielles (Geld, Computer, Handy etc.):

_____
_____
_____
_____

Ideelles (Beruf, Zeit, Ansehen etc.):

_____
_____
_____
_____

Schreibe Jesus in einem Gebet auf, was er dir wirklich wert ist und womit du Probleme hast:

_____
_____
_____
_____
_____
_____

Was willst du Jesus für die Perle geben?

_____
_____
_____
_____
_____
_____
_____

Kapitel 7:
JesusStyle
Auch wenn es hart kommt! (Theo Eissler)

»Wenn wir leben, leben wir, um dem Herrn Freude zu machen, und wenn wir sterben, sterben wir, um beim Herrn zu sein. Ob wir nun leben oder sterben: Wir gehören dem Herrn.«

Römer 14,8

»Mit JesusStyle ist nicht alles easy im Leben, das Leben bleibt ein täglicher Kampf, aber Jesus ist bei jedem dieser Kämpfe dabei!«
Samuel, 20 Jahre

Wenn ich Gott nichts mehr glaube!

»Jeden Tag mit Jesus leben – Höhen und Tiefen schweißen uns eigentlich erst richtig zusammen, weil, wenn ich eine Tiefe habe, ich ihn am meisten spüre.«

Anja, 13 Jahre

JesusStyle. Vielleicht läuft dir das locker und lässig von der Hand. Du bist begeistert und jeder kann deine Begeisterung an deinem Grinsegesicht ablesen. Du bist von neuen Ideen gepackt und packst viel von dem, was du dir vorgenommen hast. Sein Style hinterlässt sichtbar Spuren in deinem Leben. Und seitdem laufen alle deine Uhren anders. Weil du anfängst, wie er zu ticken. Eine unglaublich schöne Erfahrung. Deine JesusStyle-Welt ist heil und in Ordnung.

Doch was ist, wenn es anders kommt? Wenn der Motivationsfaden reißt? Wenn du drohst, vom JesusStyle-Seil abzustürzen wie ein Drahtseilartist mit weichen Knien? Was ist, wenn du Gefahr läufst, den Glauben an den Glauben zu verlieren? Was dann?

Ich glaube, hilfreich ist Folgendes. Wenn der Glaube droht flöten zu gehen, ist das eine Chance, sich klar zu machen, woher der Glaube eigentlich kommt. Wenn es hart auf hart kommt, lohnt es, sich die harten Fakten der Bibel zum Thema Glauben vorzunehmen.

Glaube ist eine Frage der Gewohnheit, sagen die einen. Schon der Opa schmiss sich jeden Sonntag in Schale und rief: »Kinder, auf geht's in die Kirche!« Auch die Eltern hielten sich an den sonntäglichen Kirchgang. So kamen auch die Sprösslinge dazu, sonntags den Gottesdienst einzuplanen. Glaube ist Gewohnheitssache.

Glaube ist eine Frage des Geschmacks, mutmaßen die anderen. So, wie es manche in die Fußball-Arena zieht, weil sie auf Stimmung und Stadionwurst stehen. So, wie es manche in die Konzert-Halle zieht, weil sie auf dicke Beats in dicken Boxen stehen, so zieht es wieder andere in die Kirche. Die einen sind sportlich, die anderen musikalisch und die dritten eben religiös. Weil sie eine fromme Ader haben, sind sie bei dem frommen Verein dabei. Gebet und Gesang sind nach ihrem Geschmack. Glaube ist Geschmackssache.

Glaube ist eine Frage des Gefühls, sind sich viele sicher. Glaubende sind keine festbetonierten Parksäulen, sondern sind in der Lage, Seele zu zeigen. Die Botschaft lässt sie nicht kalt. Sie sind so eine Art religiöse Pferdeflüsterer, die göttliche Vibrationen wahrnehmen. Ohne Feeling kein Glaube, sagen sie und gehen ihren spirituellen Empfindungen auf den Grund. Sie spüren dem nach, was sie spüren und empfinden. Glaube ist Gefühlssache.

Aber Glaube ist keine Stil-Frage. Glaube kommt aus dem Hören. Glaube ist keine Gewohnheitssache, auch keine Geschmackssache oder Gefühlssache. Sondern Sache der Ohren. Glaube wird nicht aus den Fingern gesogen. Glaube bekommt man nicht wie die Grippe. Er wird erst recht nicht frei Haus geliefert. Glaube entsteht beim Hören der Nachricht.

Bei Abraham war es so. Alle seine Kollegen und Familienmitglieder schauten in die Horoskope, in die Sterne und damit letztendlich in den Mond. Gesehen hat Abraham nichts, aber er hörte etwas: »Und der Herr sprach.« Und das danach auch zu Isaak, zu Jakob, zu Mose, zu David, zu Jesaja. Gesehen haben diese Gott zu Lebzeiten alle nicht – aber gehört. Sie haben hingehört.

Genauso handelt Gott in unserem Leben bis heute. Dass er in unser Leben hineinspricht. Wenn's hart auf hart kommt, dann erscheint er uns nicht persönlich, sondern dann erscheint er uns persönlich durch sein Wort. Durch seinen Geist. Oder auch durch andere Menschen.

 **& YourStyle:**

- Wann geht »dein Glaube flöten«?

- In was für Situationen fühlst du dich von Gott allein gelassen?

♥ **JesusStyle:**

- Glaube ist keine Stilfrage, sondern ein echtes »Hinhören« auf Jesus! Manchmal hören wir vor lauter Frust nichts mehr, aber dann hört er uns trotzdem noch zu! Schreie oder schreibe Jesus deinen Frust entgegen und sei dir sicher: *Er* hört dir zu!

»JesusStyle ist echt gut, aber manchmal glaube ich trotzdem nicht, dass Jesus mich liebt.«

Mädchen, 17 Jahre

Es ist November. Ein Telefonat an einem Sonntag. Vielleicht ist nur in der Nachdenklichkeit eines Sonntags ein solches Gespräch möglich, denke ich mir im Nachhinein. Ein Freund ruft an. Um elf Uhr morgens. Also nicht in der abendlichen Winterdämmerung, wenn Melancholie schon mal aus den tiefsten Tiefen unserer Seele hervorkriecht. »Geht es dir auch so, dass dich an solch trüben Tagen die Schwermut beschleicht«, fragt mein Freund überraschend, denn eigentlich ist er ein fröhliches Haus. – »Vielen geht es so«, sage ich und merke, wie billig meine Antwort daherkommt. Rhetorisches Kleingeld, kein Trost, wie ich sofort spüre. »Wenn es so regnet wie heute, verfall ich zuerst ins Grübeln und dann falle ich ins Nichts – und irgendwie hat mein Glück zu dieser Zeit mehr Auswärtsspiele als sonst.« Mein Freund macht eine Pause. Dann der Stoßseufzer: »Wenn man bloß glauben könnte, aber ich schaffe es nicht.« Immerhin, er habe beim »Wort zum Sonntag« ein Wort von Martin Buber gehört, das habe ihn elektrisiert. Ein Wort über die Treue Gottes zu den Menschen. »Es klingt wunderbar alttestamentarisch. Es lautet: ›Ich liege hingeworfen, aber aufgekündigt wird mir nicht.‹« Wieder Pause.

Schwermut. Wir kennen das gut. Die Tage werden kürzer. Und die Grübelfalten auf der Stirn immer länger. Manche Momente scheinen aus nichts anderem als dem Zimmer und einem selbst zu bestehen. Warum Schwermut Schwermut heißt? Die Zukunftsfragen wiegen so schwer, dass der Mut schneller dahinschmilzt als ein erst eben entzündetes Teelicht. Die Hoffnung bleibt grundlos, schließlich steht der Winter vor der Tür. Und wenn überhaupt eine Aussicht besteht – dann nur aufs Alleinsein. Ob wir besonders dafür veranlagt sind oder nicht. Melancholie singt ihr Lied und du singst müde mit. Die Zahlen sprechen für sich. Rund 15 Prozent der Deutschen leiden mindestens ein Mal im Leben an der lähmenden Schwermut, die das tägliche Leben zu einer furchtbaren Belastung macht. Frauen doppelt so häufig wie Männer.

Das Schwerwiegende der Schwermut ist: Es kann uns so bedrückend beschweren, dass wir vielleicht nicht hingeworfen auf dem Teppich liegen. Aber dass wir in einen Teppich gewickelt allein auf dem Sofa sitzen und nicht mehr aufstehen. Nicht mehr rausgehen. Den Blick für alles andere nicht mehr freibekommen. Was bleibt uns dann noch? Und vor allem: Woher kommt Hilfe?

Sören Kierkegaard schrieb einmal: »Die Tür zum Glück öffnet sich nach außen.« Klar wird daran zweierlei. Erstens geht es darum, das enge und trübe Zimmer zu verlassen. Nur wenn wir andere aus ihrem Alleinsein holen, können sie wieder Atem holen. Wir werden das aber nicht schaffen, indem wir so einfach mal unbedacht in das Lebenshaus eines Schwermütigen latschen.

Jesus steht vor deiner Tür, ganz vorsichtig und zaghaft. Er klopft an und fragt dich, ob du bereit bist – bereit, mit ihm zu reden, ihm zuzuhören. Er ist bereit, weil er dich liebt, mit all deinen Gedanken, auch den allerverzweifeltsten, auch den allerdümmsten. Jesus war manchmal auch alles zu viel. Dann ist er abgehauen, in die Wüste oder einfach auf einen Berg in die Einsamkeit. Dort hat er mit Gott, seinem Vater, über alles gesprochen und manchmal auch geweint – über sich, die Menschen und die ganze Situation! Vor Jesus muss dir nichts peinlich sein, auch nicht deine Schmerzen, auch nicht deine Schwermut – selbst an Sonnentagen!

 YourStyle:

- Wir können nur vorsichtig anklopfen bei Jesus.

- Vielleicht wäre es mal gut, mit jemand darüber zureden, der Jesus auch kennt und zu dem du Vertrauen hast. Es tut auch gut, für sich beten zu lassen!

♥ JesusStyle:

- Was uns allen fehlt und in Zeiten wie diesen besonders gut tut, ist ein Anruf. Ist eine Postkarte. Eine Einladung zum Essen. Niemand rechnet im November mit Blumen. Alles herzliche Anklopf-Zeichen, nach denen wir uns sehnen. Und das ist alles andere als schwer. Aber hilft gegen Schwermut ungemein.

- Bei welcher Freundin oder welchem Freund kannst du vorsichtig anklopfen?

- Wer sehnt sich danach, dass du ein Stück seiner Einsamkeit teilst oder beendest?

Wenn ich ganz allein bin!

»Wenn mich keiner mehr versteht, weiß ich trotzdem, dass Jesus noch da ist!«

Franziska, 17 Jahre

Es ist der 29. Oktober 1987. Arvin McGee setzt sich mit seinen Teller vor den Fernseher. Im Nebenzimmer schläft sein kleiner Sohn. Ein einsames Mahl ohne Zeugen. Nach dem Essen betet McGee, rollt sich auf dem Sofa zusammen und schläft ein. Währenddessen wird ein paar Straßen weiter eine Angestellte überfallen, entführt und vergewaltigt. Sie ist weiß, rothaarig und 20 Jahre jung. Der Täter: ein Schwarzer.

Das Opfer will nur eines: Gerechtigkeit. Dann geht alles ganz schnell. In einer Gerichtsverhandlung erkennt sie diesen und keinen anderen Mann als ihren Peiniger. Sie bekommt Recht und ein wenig Genugtuung für ihre geschundene Seele. Arvin McGee bekommt 298 Jahre. Ihm – groß, stark, wortkarg – wird schwarz vor Augen. Er ist 26, sein Sohn vier Monate alt.

Für Arvin McGee aus Tulsa, Oklahoma, ist es »die Hölle, ich war lebendig begraben«. Jahrelang sitzt er eingesperrt neben Mördern und Räubern. Keiner glaubt ihm. Aber er verliert den

Glauben nicht: »Ich sagte, was hier mit mir passiert, ist einfach nicht richtig, also bitte, Gott, tu was, regle das.«

Das Wunder heißt »DNA Forensic Testing Program«. Danach steht McGees Unschuld zweifelsfrei fest. Nach 14 Jahren, 3 Monaten und 28 Tagen ist er frei. Die Entschädigung, sagen seine Anwälte, könne zwischen 500 Dollar und zehn Millionen liegen. McGee will aber keine Zeit verschwenden. »Das Mädchen hat sich geirrt, die Sache ist erledigt, ich habe ihr verziehen«, sagt er. »Nun muss ich mich um meinen Jungen kümmern. Gott hat ein Wunder getan. Jetzt werde ich mich revanchieren.«

Arvin McGee hätte guten Grund gehabt, Gott nicht mehr länger Glauben zu schenken. Jedoch ausgerechnet er verliert seinen Glauben nicht – sondern glaubt weiter. Bei Hiob im Alten Testament ist es ganz genauso. Er bekommt von Gott alles genommen, was er hatte. Selbst seine Gesundheit muss dran glauben. Aber Hiob verliert nicht den Glauben an Gott, sondern wirft sich mit seiner ganzen Sehnsucht in das Gespräch mit dem Allmächtigen. Fraglos macht ihm das Leid zu schaffen. Aber er setzt fest darauf, dass Gott selbst mit all dem etwas zu schaffen hat. Antworten auf die Fragen des Lebens gibt es nur vom Erschaffer des Lebens. Auch wenn diese Antworten sehr lange auf sich warten lassen können oder für uns nicht immer einsichtig erscheinen.

Wenn ich Gott nichts mehr glaube, hilft mir dieser Satz von Arvin McGee: Gott regelt das. JesusStyle sind Menschen, die sich nicht länger bei Menschen revanchieren müssen, sondern bei Gott revanchieren wollen. Weil Jesus nicht weniger als alles neu machen kann, sind wir auch zu Neuem fähig.

YourStyle:

- In was für Situationen fühle ich mich allein (wie in einem Gefängnis)?

- Was mache ich in solchen Situationen? Wie reagiere ich? Auf wen bin ich sauer?

❤ **JesusStyle:**

- Bei wem und wie könnte ich mich »revanchieren«?

- Gott?

- Freunde?

- Familie?

- ?

JesusWeek 7

Auch wenn es hart kommt!

»Bei Härte hilft das Hören.«

Was machst du, wenn du traurig oder verzweifelt bist? Es hört sich immer so einfach an: »Komm doch zu Jesus!« Aber so einfach ist das nicht, weil es viele Gründe gibt, es nicht zu tun. Aber wenn ich es tue, dann weiß ich manchmal gar nicht wie. Was soll ich denn bei Jesus machen? Gerade wenn es mir schlecht geht, dann fällt es mir doppelt schwer. JesusWeek soll dir helfen, deinen Kopf und deine Gefühle wieder neu zu sortieren und wirklich bei Jesus anzukommen!

Lies einen kleinen Text aus der Bibel. Eine Jesus-Geschichte. Einen Psalm. Eine Seligpreisung. Und dann setz dich an einen ganz leeren Tisch, auf dem nur eine Kerze steht und ein leeres Blatt Papier liegt.

Gib dir fünf Minuten Zeit zur Konzentration & Meditation. Du kannst einen Wecker stellen. Beantworte dann auf dem Blatt Papier folgende Fragen:

- Was sagt dir der Text?
- Was geht dir durch den Kopf und bewegt dich?
- Was willst du dir selbst, anderen Menschen oder Gott sagen?
- Was will dir Gott vielleicht sagen?

JesusWeek:

Nimm dir diese Woche jeden Tag fünf Minuten Zeit, um Jesus zu begegnen. Hier einige Texte, die dich dabei begleiten können: (Denk an die Fragen!)

Tag 1:
Offenbarung 3,20

Siehe, ich stehe vor der Tür und klopfe an. Wenn jemand mich rufen hört und die Tür öffnet, werde ich eintreten, und wir werden miteinander essen.

Tag 2:
Zefanja 3,17

Der Herr, dein starker Gott, der Retter, ist bei dir. Vor Liebe ist er sprachlos ergriffen und jauchzt doch mit lauten Jubelrufen über dich.

Tag 3:
Jesaja 38,17

Ja, mein Leid hat sich in vollkommenes Glück verwandelt. Aus Liebe hat es dir gefallen, mein Leben vor dem Abgrund zu bewahren. Denn du hast alle meine Sünden hinter deinen Rücken geworfen.

Tag 4:
Johannes 15,16

Nicht ihr habt mich erwählt, ich habe euch erwählt. Ich habe euch dazu berufen, hinzugehen und Frucht zu tragen, die Bestand hat, damit der Vater euch gibt, was immer ihr ihn in meinem Namen bittet.

Tag 5:
Epheser 2,19

Deshalb seid ihr nicht länger Fremde und ohne Bürgerrecht, sondern ihr gehört zu den Gläubigen, zu Gottes Familie.

Tag 6:
5. Mose 32,11

Wie ein Adler, der seinen Jungen das Fliegen beibringt, über ihnen schwebt und sie auffängt, seine Schwingen ausbreitet und sie auf seinen Flügeln in die Höhe trägt.

Tag 7:
1. Johannes 2,1-2

Meine lieben Kinder, ich schreibe euch das, damit ihr nicht sündigt. Aber wenn es doch geschieht, dann gibt es jemanden, der vor dem Vater für euch eintritt: Jesus Christus, der vor Gott in allem gerecht ist. Er ist das Opfer für unsere Sünden. Er tilgt nicht nur unsere Schuld, sondern die der ganzen Welt.

KAPITEL 8:
JesusStyle
. In seiner family .

»Du bist mein geliebter Sohn, an dir habe ich große Freude.«
Lukas 3,22b

»Ich weiß jetzt, dass ich sein geliebtes Kind bin.«
Lena, 14 Jahre

Jesus
& der Vater

»Ich weiß, dass ich vollkommen auf Gott vertrauen kann und alles passiert, was er will.«

Samuel, 14 Jahre

Wenn Jesus nicht mehr konnte, wenn ihm alles zu viel wurde, dann hat er sich meist auf einen Berg zurückgezogen und hat sich mit seinem Vater getroffen. Er hat gebetet und so neue Kraft bekommen. Für Jesus war sein Vater sehr wichtig.

Wer ist Gott der Vater für dich?
(Denke an Kapitel 6.)

Vielleicht fällt es dir schwer, darüber nachzudenken oder es sogar aufzuschreiben. Ich habe deshalb ein paar Eigenschaften aus der Bibel über Gott aufgeschrieben; vielleicht helfen sie dir, Gott besser einzuordnen:

Wer ist dein Gott?
- Gott ist Herr, aber kein Diktator!
- Gott ist Barmherzigkeit, aber kein Schlappschwanz!
- Gott ist Schöpfer, aber kein Manipulator!
- Gott ist Liebe, aber kein Träumer!
- Gott ist König, aber kein Despot!
- Gott ist Vergebung, aber kein Hampelmann!
- Gott ist Gerechtigkeit über alles menschliche Versagen hinweg!
- Gott ist dein Vater, der dich über alles liebt!

Gott ist für uns nicht greifbar, wir können diesen Begriff manchmal nicht richtig verstehen. Wir füllen ihn mit eigenen Erfahrungen, mit dem, was in der Bibel steht und mit dem, wie wir das Gelesene dann verstehen und in unserem Leben umsetzen. Daraus ergibt sich ein so genanntes Gottesbild. Dieses Gottesbild hat auch immer etwas mit uns zu tun, mit unserer eigenen Geschichte, mit unserem eigenen Vater und der Beziehung zu ihm. Obwohl wir alle dieselbe Bibel haben, haben wir alle trotzdem verschiedene Gottesbilder. Das ist auf der einen Seite gut und normal. Aber auf der anderen Seite haben sich da Dinge über Gott eingeschlichen, die krumm und schief, ja manchmal richtig falsch sind. Deshalb soll es jetzt darum gehen, unser Gottesbild mit verschiedenen Stellen in der Bibel zu vergleichen und es wieder neu zu hinterfragen, wie wir Gott als Vater verstehen.

Wie Gott als Vater ist:

1. »Ich bin dein Vater, auch wenn es dir schlecht geht!«

2. Korinther 1,3-4: Er ist der Ursprung aller Barmherzigkeit und der Gott, der uns tröstet. In allen Schwierigkeiten tröstet er uns, damit wir andere trösten können. Wenn andere Menschen in Schwierigkeiten geraten, können wir ihnen den gleichen Trost spenden, wie Gott ihn uns geschenkt hat.

Gott steht als Vater immer zu mir. Er verlässt mich nicht, wendet sich nicht von mir ab – egal, was passiert! Selbst mein menschlicher Vater bleibt immer mein Vater: Egal, was passiert, ich bin immer Sohn oder Tochter! Auch wenn ich sage: Ich will nicht mehr! Im Alten Testament sagt Gott, dass er uns noch viel mehr liebt, als unsere irdischen Mütter und Väter es können (Jesaja 49,15):

Kann eine Mutter etwa ihren Säugling vergessen? Fühlt sie etwa nicht mit dem Kind, das sie geboren hat? Selbst wenn sie es vergessen würde, vergesse ich dich nicht!

Bei aller Unsicherheit im Leben, bei allem, was passiert an Gutem und Schlechtem, ein Kind bleibt immer das Kind seines Vaters und seiner Mutter! Als Kind Gottes bleibst du immer sein Kind, darauf kannst du dich verlassen! Gott ist unser Vater, er selbst nennt sich so. Wir sind seine Kinder. Was auch geschieht, er bleibt unser Vater! Das ist die Gewissheit unseres Glaubens, das ist die Zusage der Gnade Gottes!

2. »Ich bin dein Vater, der dich so annimmt wie du bist.«

Römer 8,15: *Deshalb verhaltet euch nicht wie ängstliche Sklaven. Wir sind doch Kinder Gottes geworden und dürfen ihn »Abba, Vater« rufen.*

Ich brauche keine Angst vor meinem himmlischen Vater haben. Menschliche Väter machen Fehler, sind ungerecht – Gott als Vater ist gnädig und barmherzig! In unserer Welt sind wir oft nur das, was wir können. Wenn wir keine Leistung mehr bringen, dann sind wir nichts wert! Bei Gott ist das anders, er liebt uns um unser selbst willen, seine Liebe macht uns wertvoll. Der Philosoph Descartes hat einmal gesagt: »Ich denke, also bin ich!« Gott sagt zu dir: »Ich liebe dich, deshalb bist du wertvoll!«

3. »Ich bin der Vater, der dich über alles liebt.«

1. Johannes 3,1: *Seht, wie viel Liebe unser himmlischer Vater für uns hat, denn er erlaubt, dass wir seine Kinder genannt werden – und das sind wir auch!*

Gott, der Vater, ist Liebe und hat Liebe für uns – seine Kinder! Darauf können wir uns verlassen, diese Liebe kann durch unser Verhalten nicht getrübt werden! Gott ist nicht leistungsbezogen, untreu, materialistisch, zurückgezogen oder machtlos. Seine Liebe ist ein Geschenk, kein Verdienst. Das ist ein großer Unterschied!

4. »Ich bin der Vater, der weiß, was du brauchst.«

Matthäus 6,32: *Warum wollt ihr leben wie die Menschen, die Gott nicht kennen und diese Dinge so wichtig nehmen? Euer himmlischer Vater kennt eure Bedürfnisse.*

Er kennt uns, unsere Situation, unsere Stärken und Schwächen und will uns alles Nötige zum Leben geben. Das stimmt nicht immer mit dem überein, was ich mir vorstelle, aber es ist im Endeffekt das Beste für mich. Wir denken oft, dass wir bei Gott zu kurz kommen, aber das stimmt definitiv nicht!

Manchmal bin ich sauer auf Gott, weil er mir nicht alles gibt, was ich will. Vielleicht geht es dir genauso. Oft merke ich, dass ich mich wie meine zweijährige Tochter Lilly verhalte. Sie würde am liebsten den ganzen Tag »Fernsehen schauen« und »Süßigkeiten essen«. (»Bitte Papa, noch einmal!«) Aber weil ich meine Tochter liebe und das Beste für sie will, lasse ich sie nicht den ganzen Tag fernsehen und Süßigkeiten essen. Was sie manchmal überhaupt nicht so gut findet und total sauer reagiert! Manchmal denke ich, dass es bei Gott und mir ähnlich ist. Ich sehe den Augenblick, das, was ich gerade will. Gott hat den Überblick, weiß, was gut für mich ist. Aber anstatt ihm zu vertrauen, bin ich dann noch bockig, wenn ich etwas nicht bekomme.

Matthäus 7,11: Wenn ihr, die ihr Sünder seid, wisst, wie man seinen Kindern Gutes tut, wie viel mehr wird euer Vater im Himmel denen, die ihn darum bitten, Gutes tun.

Weil Gott weiß, was gut für uns ist, ist das, was er uns gibt, immer das Beste. Das ist mehr, als es jedem irdischen Vater jemals möglich ist.

5. »Ich bin der Vater, den du in Jesus kennen lernen kannst.«

Johannes 14,8-9: Philippus sagte: »Herr, zeig uns den Vater, dann sind wir zufrieden.« Jesus erwiderte: »Philippus, weißt du denn nach all der Zeit, die ich bei euch war, noch immer nicht, wer ich bin? Wer mich gesehen hat, hat den Vater gesehen! Warum verlangst du noch, ihn zu sehen?«

Philippus' Frage nach dem Vater ist eine wichtige und entscheidende Frage für uns Menschen. Wer ist der Vater? Wie kann ich ihn kennen lernen? Gott offenbart sich als Vater in Jesus, in dessen Verhalten und Leben. In ihm können wir den Vater erkennen (im JesusStyle lernst du Gott, den Vater, kennen!). Aber auch, wie Jesus mit dem Vater umgeht, wie er sich ihm nähert, sein Respekt, sein Gehorsam und seine Liebe zum Vater ist für uns ein Vorbild.

Galater 4,6-7: Und weil ihr seine Kinder geworden seid, hat Gott euch den Geist seines Sohnes ins Herz gegeben, so dass ihr zu Gott nun »lieber Vater« sagen könnt. Jetzt seid ihr keine Diener mehr, sondern Kinder Gottes. Und als seine Kinder gehört euch alles, was ihm gehört.

Der Heilige Geist ist eine wichtige Person. Er vertritt Jesus hier auf Erden und will uns helfen, Gott den Vater besser und intensiver zu verstehen! Um den Heiligen Geist geht es im nächsten Kapitel!

6. »Ich bin der Vater und du bist mein geliebtes Kind.«

Römer 8,14: Denn alle, die vom Geist Gottes bestimmt werden, sind Kinder Gottes.

Der Heilige Geist hebt uns in einen ganz neuen geistlichen Stand. Er gibt uns Identität. Wir sind nicht länger in dieser chaotischen Welt verloren, sondern gehören zu einer Familie, haben eine Heimat und ein Zuhause. Dieses Zuhause ist der Kontext, in dem ich *sein* darf, in dem ich heil werden darf, weil ich in die Gegenwart des Vaters kommen darf – so wie ich bin, tief in meinem innersten, ohne falsches Spiel, ohne moralischen Druck, ohne den »richtigen Glauben«, einfach so, mit allem, was ich habe und eben nicht habe!

Johannes 1,12: *All denen aber, die ihn aufnahmen und an seinen Namen glaubten, gab er das Recht, Gottes Kinder zu werden.*

Wenn ich Jesus als meinen Herrn aufgenommen habe, bin ich sein Kind. Das ist Fakt, keine vage Hoffnung. Das ist die biblische Wahrheit, auf die ich mich verlassen kann.

 **YourStyle:**

- Wo übertrage ich Eigenschaften meines Vaters oder meiner Mutter auf Gott?

- Wo bin ich sauer auf Gott? Wo zweifle ich an ihm?

♥ **JesusStyle:**

- Wo muss ich mein Gottesbild verändern, wenn ich mir die sechs Punkte anschaue? An welchen Punkten fällt es mir am schwersten?

- Schreibe dir die Bibelverse auf, die dir besonders wichtig geworden sind, und hänge sie auf!

Jesus
& der heilige Geist
(Christine Faix)

»Der Heilige Geist hilft mir in meinem Alltag!« Jürgen, 26 Jahre

Wer ist der Heilige Geist?

Wenn wir über den Heiligen Geist sprechen, gibt es oft Verwirrung darüber, wen oder was wir meinen. Gott, den Vater, und Jesus, seinen Sohn, können wir uns vorstellen. Wer ist aber der Heilige Geist? Ist er eine Idee, ein Gefühl, eine Art geheimnisvolles Wesen, das beliebig auftaucht oder verschwindet? Können wir mehr oder weniger vom Heiligen Geist haben wie von einer Substanz? Um wirklich zu verstehen, wer der Heilige Geist ist, müssen wir sehen, was die Bibel über ihn sagt.

Der Heilige Geist ist eine Person

Die Bibel sagt klar, dass Gott einer ist – und doch zeigt er sich in drei verschiedenen Personen, von denen eine der Heilige Geist ist. Schon im Schöpfungsbericht wird dies deutlich. Zuerst ist vom Geist Gottes die Rede – er »schwebte über der Wasserfläche« (1. Mose 1,2). Dann spricht Gott von sich im Plural: »Wir wollen Menschen schaffen nach unserem Bild, die uns ähnlich sind« (1. Mose 1,26).

Ein Anzeichen dafür, dass der Heilige Geist eine Person ist und nicht nur eine Substanz, besteht darin, dass er einen eigenen Willen hat. Er führte zum Beispiel Jesus in die Wüste (Matthäus 4,1). Der Heilige Geist suchte Barnabas und Saulus aus (Apostelgeschichte 13,2). Ein weiteres Merkmal zeigt sich darin, dass er beleidigt und betrübt werden kann. Paulus ermahnte die Epheser, eben dies nicht zu tun (Epheser 4,30).

Was hat das aber mit uns zu tun? Die Art und die Aufgaben des Heiligen Geistes

Jesus hat versprochen, den Heiligen Geist zu senden. Er tröstete seine Jünger vor seinem Abschied damit, dass er den Heiligen Geist schicken würde. »*Ich sage euch aber die Wahrheit: Es ist das Beste für euch, dass ich fortgehe, denn wenn ich nicht gehe, wird der Ratgeber nicht kommen. Wenn ich jedoch fortgehe, wird er kommen, denn ich werde ihn zu euch senden. Und wenn er kommt, wird er die Welt von ihrer Sünde und von Gottes Gerechtigkeit und vom bevorstehenden Gericht überzeugen. Die Sünde der Welt ist, dass sie nicht an mich glaubt. Die Gerechtigkeit erweist sich darin, dass ich zum Vater gehe und ihr mich nicht mehr sehen werdet. Das Gericht wird kommen, weil der Herrscher dieser Welt schon gerichtet ist. Ich hätte euch noch so vieles zu sagen, aber ihr könnt es jetzt nicht ertragen. Doch wenn der Geist der Wahrheit kommt, wird er euch in alle Wahrheit leiten. Er wird nicht seine eigenen Anschauungen vertreten, sondern wird euch sagen, was er gehört hat. Er wird euch von dem erzählen, was kommt. Er wird mich verherrlichen, indem er euch alles offenbart, was er von mir empfängt*« (Johannes 16,7-14).

Die Aufgabe des Heiligen Geistes ist es, Menschen in ihrem Innersten zu überzeugen, dass sie schuldig vor Gott sind. Er bewirkt, dass Menschen an Jesus glauben können. Er öffnet unsere Augen für geistliche Wahrheiten und hilft uns, Gottes Wort richtig zu verstehen. Er hat Interesse daran, uns zu helfen. Und es ist ihm total wichtig, Jesus in den Mittelpunkt zu stellen. Er hilft uns auch, zu beten. Er weiß, was in uns ist, und er weiß auch, was Gott wichtig ist. Deshalb unterstützt er unser Gebet und wenn wir ihn fragen, dann zeigt er uns, was wir beten sollen. Gottes Geist ist auch ein Geist der Kraft (Apostelgeschichte 1,8; 2. Timotheus 1,7). Er macht uns mutig und unerschrocken.

Wer hat den Heiligen Geist und wie viel von ihm?

Wenn wir Jesus in unser Leben eingeladen haben, dann haben wir unser Leben auch dem Heiligen Geist übergeben. Niemand kann Jesus Herr nennen außer durch den Heiligen Geist (1. Korinther 12,3). Gottes Geist wohnt in uns. Wir sind die Gastgeber und Gottes Geist wird so viel Platz einnehmen, wie wir ihm zugestehen. Wir müssen ihn nicht anbetteln, dass er noch ein bisschen mehr in unser Leben kommt, das tut er nämlich liebend gern. Wir müssen ihm vertrauen und ihm das Recht geben, über alles zu bestimmen. Dann wird er uns ganz erfüllen. Der Heilige Geist ist ein heiliger Geist. Wenn wir ihm erlauben, Regie zu führen in unserem Leben, dann wird er uns zeigen, was in unserem Leben nicht in Ordnung ist. Aber er wird uns auch helfen, die Dinge zu bereinigen. Erstaunliche Veränderungen werden in unserem Leben vorgehen (vgl. Galater 5,22: Die Früchte – Auswirkungen des Heiligen Geistes!).

Was hat der Heilige Geist mit deinem Alltag zu tun?

Der Heilige Geist ist für uns da, er möchte uns dienen und möchte uns helfen, dass wir unser Leben und unseren Alltag auf die Reihe bekommen. Er möchte uns die Kraft geben, JesusStyle überhaupt zu leben. Er ist der Unterschied. Er möchte uns verändern. JesusStyle bedeutet nicht, dass wir uns mal besonders anstrengen, sondern dass wir dem Heiligen Geist die Erlaubnis geben, uns verändern zu dürfen. Das ist dann nicht nur ein frommer Spruch oder ein Gebet, sondern das bedeutet, dass meine Gedanken (vgl. Kapitel 4) verändert werden und ich lerne den JesusStyle wirklich zu leben – egal, wo ich gerade bin und was ich gerade mache! Der Heilige Geist ist immer bei uns, er wohnt in uns und begleitet uns durch unseren Alltag: Schule, Familie, Freunde etc. Deshalb fragt Paulus auch die Christen in Korinth, ob sie nicht wissen, dass der Heilige Geist in ihnen wohnt (1. Korinther 6,19):

»Oder wisst ihr nicht, dass euer Leib ein Tempel des heiligen Geistes in euch ist, der in euch lebt und euch von Gott geschenkt wurde?«

Ist es dir bewusst, dass der Heilige Geist in dir lebt? Hast du ihn schon einmal angesprochen, mit ihm geredet? Das ist nichts Mystisches oder gar Unheimliches, sondern einfach ein Teil Gottes, die Person, die Jesus hier auf Erden in dir vertritt. Eigentlich echt cool von Gott, dass er ihn uns schenkt, damit wir in unserem turbulenten Alltag nicht allein stehen, dass wir nicht nur auf uns selbst angewiesen sind und unsere Kraft, sondern dass der Heilige Geist uns seine Power geben möchte!

 **& YourStyle:**

- Wo rechne ich mit dem Heiligen Geist in meinem Alltag? Oder wo rechne ich überhaupt nicht mit seiner Hilfe und Kraft?

- Wo hindert Sünde das Wirken des Geistes in meinem Leben? (Stolz, Eifersucht, Unzufriedenheit, Neid, Missgunst, Gleichgültigkeit, Egoismus, schlechte Gedanken, verschwendete Zeit etc.)

♥ **JesusStyle:**

- Wo habe ich bisher den Heiligen Geist in meinem Leben erlebt?

- Rechne ich mit dem Wirken des Heiligen Geistes, wenn ich bete, in der Bibel lese, im Gottesdienst, in der Familie, bei der Schule bin etc.?

Jesus
& seine Gemeinde

»Gemeinde ist für mich wie eine Familie, bei der ich immer sein kann.«   Anne, 14 Jahre

Hast du schon einmal versucht ein Streichholz zu zerbrechen? Na klar! Und hast du es geschafft? Blöde Frage, denkst du und lächelst überlegen. Hast du schon mal versucht einen Bund mit 50 Streichhölzern zu zerbrechen? Na, lächelst du immer noch? Das ist nämlich gar nicht so einfach, um nicht zu sagen fast unmöglich.

In unserem Christsein ist es manchmal ähnlich: Allein tun wir uns schwer und knicken leicht ein, zusammen, so sagt Gott, sind wir Christen richtig stark. Deshalb macht Gott sich in der Bibel für die Gemeinde stark. Er weiß, dass wir Menschen Hilfe brauchen in unserem Leben mit Gott, dass es uns oft schwer fällt, allein zu beten und in der Bibel zu lesen. Wir Menschen sind nicht dazu geschaffen, allein zu leben, sondern wir brauchen uns gegenseitig. Im Alten Testament drehte sich alles um das Volk Israel, eine recht große Gemeinde von mehreren zehntausend Menschen. Im Neuen Testament wird es dann etwas übersichtlicher. Erst Jesus und seine 12 Jünger und dann beginnt die Zeit der Gemeinde, erst in Jerusalem und etwas später bis in alle Welt bis heute, bis zu dir!

Vielleicht bist du in einer Gemeinde, vielleicht auch nicht, vielleicht bist du begeistert von Gemeinde, vielleicht aber eher auch frustriert. Ich weiß, dass die Sichtweise von Gemeinde und speziell den Gottesdiensten doch sehr auseinander gehen kann. Ich war acht Jahre Pastor einer Gemeinde mit vielen Jugendlichen und auch vielen alten Menschen. Da gab es oft ganz verschiedene Vorstellungen und Erwartungen:

Stur, bockig, unverständlich, unmöglich angezogen und voll unbändiger Energie – so sehen viele Erwachsene Teenager. Man möchte im Gottesdienst geistlich auftanken, Gott in der Stille und in seiner geistlichen Tradition und Gewohnheit begegnen und dann versuchen ein paar Teens aus ihren elektronischen Instrumenten auch noch das Letzte rauszuholen.
Ist das zu verkraften?

Langweilig, spießig, durchschaubar, angepasst und unendlich langweilig – so sehen viele Teens Erwachsene. Man möchte in den Gottesdienst und Gott erleben, seine Power in einer genialen Anbetung fühlen und spüren, radikal in der Predigt herausgefordert werden. Doch dann singt der Kirchenchor einen vierstimmigen Choral und der Pfarrer benutzt einen Wortschatz, den man bis dahin nur aus den Besuchen im Altersheim kannte.
Ist das zu verkraften?

Der Gottesdienst ist nur ein Beispiel von vielen, und trotzdem sagt Jesus, dass er die Gemeinde liebt und wir sie für unser Christsein brauchen! Gerade durch die Verschiedenheit von uns Menschen und wie wir damit umgehen, wird unser JesusStyle deutlich. Lästern wir über die, die anders denken und handeln? Mach ich mir die Mühe, auch einmal ältere »Geschwister« kennenzulernen? Geht es nur um meinen Musikgeschmack?

Gemeinde ist der Ort, den Gott sich für deine Nachfolger ausgedacht hat. Und es bleiben trotzdem alle Menschen! Das macht es manchmal etwas kompliziert. Trotzdem bin ich fest davon überzeugt, dass es sich lohnt, in eine Gemeinde zu gehen und sie ganz neu zu entdecken. Mach dich doch einfach auf und entdecke deine Gemeinde! Wenn du noch in keiner bist, suche dir eine. Es gibt in fast jeder Stadt gleich mehrere!

www.glaube24.de (unter Gemeindeatlas)

Hier ein paar Tipps, wie du deine Gemeinde kennen lernen kannst (tu dich doch mit ein paar Freunden zusammen, dann macht das so richtig Spaß; oder frage deinen Jugendleiter, ob er dir dabei hilft!):

Einen Tag den Pastor begleiten
Schau eurem Pastor/Pfarrer doch mal einen Tag lang auf die Finger (natürlich nur, wenn er einverstanden ist!). Du kannst im Teenkreis davon erzählen, oder der Bericht kann im Gemeindebrief erscheinen. Vielleicht machst du auch Fotos, dann wird das Ganze noch anschaulicher!

Gemeinde-History
Schreib einen Bericht über die Entstehung der eigenen Gemeinde (wenn ihr das in der Gruppe macht, könnt ihr ja vielleicht eine Ausstellung mit alten Fotos machen und Gemeindemitglieder interviewen, die sich daran erinnern können oder etwas über diese Zeit wissen. Wie sah damals das Gemeindeleben im Vergleich zu heute aus? Können wir etwas von damals lernen? Was war gut? Was war schlecht?
- Gründungsjahr:
- Die letzten fünf Pastoren/Pfarrer hießen:
- Wie viele Kreise/Gruppen gibt es in der Gemeinde?
- Wann wurde die Kirche gebaut?
- Besonderheiten:
- Folgende kuriose/lustige/traurige »Geschichte« habe ich über unsere Gemeinde herausbekommen:

Werbeslogans
Texte deinen eigenen Werbeslogan über deine Gemeinde oder einen Teil davon – auf jeden Fall über etwas, was dir super gefällt!

Aktion »Mülleimer«
Was gefällt dir nicht an deiner Gemeinde? Was würdest du »rauswerfen«? Schreib diese Punkte auf und »entsorge« sie. Überleg zusammen mit anderen, wie diese Punkte verändert werden können.

Meine »out-Liste« in der Gemeinde:

1. _____
2. _____
3. _____
4. _____
5. _____
6. _____
7. _____
8. _____
9. _____
10. _____

 **YourStyle:**

- Beschreibe mal »deine Gemeinde«? Was findest du gut, was würdest du verändern?

♥ **JesusStyle:**

- Was könntest du in der Gemeinde machen, damit sich was verbessert?

JesusWeek 8

In seiner family

In dieser Woche soll sich alles um Gemeinde drehen und wie Jesus sich das gedacht hat. Versuche einfach mal die folgenden drei Ideen umzusetzen und du wirst sehen, dass sich dein Bild von Gemeinde ganz schön verändert!

Gemeinde – Gottes geniale Idee 1

Lies Apostelgeschichte 2,42-47 und schreibe auf, welche verschiedenen Elemente es damals in der Gemeinde gab (in die linke Spalte). Danach schreibe die Elemente, die es auch heute bei euch im Gottesdienst gibt, in die rechte Spalte!

Gemeinde – Gottes geniale Idee 2

- Lies Philipper 2,1-5.
- Paulus sieht die Gemeinde in Philippi ziemlich positiv. Er geht davon aus, dass Jesus die Mitte der Gemeinde ist und alles von ihm ausgeht. Das hat natürlich Auswirkungen auf das Leben der Christen in Philippi. Die beschreibt Paulus in den Versen 1-5.
- Liste die Auswirkungen auf:

Vers 1:

Vers 2:

Vers 3:

Vers 4:

Vers 5:

Wo trägst du in der Gemeinde dazu bei, dass es so zugeht, wie Paulus es beschrieben hat?

Gemeinde – Gottes geniale Idee 3

Die Gemeinde in Jerusalem war noch ziemlich jung. Trotzdem hatte sie schon allerhand erlebt. Täglich kamen neue Leute dazu und waren neugierig, was da in der Gemeinde so abging.
Was machte die Gemeinde damals so attraktiv für die Menschen in Jerusalem? (Lies Apostelgeschichte 4,32-36.)

Was für Gründe gibt es heute, dass Menschen aus deiner Stadt/Gegend in deine Gemeinde kommen?

Mein Gemeinde-Gebetstagebuch

Ja, ich bete für meine Gemeinde!

Dafür möchte ich Gott danken:

_____
_____
_____
_____
_____
_____
_____

JesusStyle · In seiner family

Das sollte sich verändern:

_____
_____
_____
_____
_____
_____
_____
_____

Es ist auch gut, die verschiedenen Meinungen untereinander auszutauschen. Mit folgender Person möchte ich über meine Gedanken/ Erkenntnisse über Gemeinde reden:

_____
_____
_____
_____
_____
_____
_____
_____
_____
_____

KAPITEL 9:
JesusStyle
. In deiner family .

»Und so seid ihr alle Kinder Gottes durch den Glauben an Jesus Christus.«   Galater 3,26

»Ich bin viel lockerer geworden, weil ich weiß, dass Jesus da ist und mich liebt. Ich bin einfach voll happy. Ich strahle das aus, was ich glaube.«
Joel, 14 Jahre

Family –
Business is hard Business!

»Ich bemühe mich durch Jesus-Style mit meinen Geschwistern geduldiger zu sein.«

Steffi, 18 Jahre

Keiner kennt dich so gut wie deine Familie. Das kann ein großer Vorteil sein, aber manchmal auch ein Nachteil! Hier wird der JesusStyle so richtig echt und ungeschminkt. Hier zeigt sich wirklich, ob sich schon etwas in deinem Verhalten verändert hat! In deiner Familie kannst du nichts vorspielen, alle kennen dich schon viel zu lange und viel zu gut! Und das ist super! Ob du es glaubst oder nicht, das ist eine echte Chance, dich zu prüfen und dich zu fragen, wie ernst es dir mit JesusStyle wirklich ist! JesusStyle in der Familie ist eine echte Herausforderung und ich kann dir gleich sagen, auch mit vielen Niederlagen versehen. Aber dafür gibt es Vergebung (Kapitel 6). Bei Jesus kannst du immer wieder neu anfangen. Selbst wenn du vielleicht jetzt denkst, dass JesusStyle in deiner Familie undenkbar ist, es ist möglich! JesusStyle heißt nicht, dass alles immer glatt geht, sondern dass man lernt, miteinander umzugehen und für die Fehler geradezustehen, die man gemacht hat.

Das geht manchmal richtig an die Substanz! Aber da bist du nicht allein, sondern das geht fast allen so. Selbst die Jünger von Jesus, die seinen Style ja jeden Tag erlebt haben, sind da an ihre Grenzen gekommen. Deshalb haben sie Jesus mal gefragt, wie oft sie denn anderen vergeben müssen. Die Antwort war ziemlich klar (Matthäus 18,21-22):

Dann kam Petrus zu ihm und fragte: »Herr, wie oft soll ich jemandem vergeben, der mir Unrecht tut? Sieben Mal?« »Nein!«, antwortete Jesus, »siebzig Mal sieben Mal!«

Das ist ganz schön heavy! Ich habe oft die Nase voll und denke, dass ich jetzt schon so oft auf den anderen zugegangen bin und dem anderen vergeben habe. Aber Jesus ist da anderer Meinung, sein Style kennt kein Limit! Und bevor du jetzt anfängst zu zählen, sieben Mal siebzig Mal ist nicht 490. Diese Zahl steht für unendlich, für immer wieder, für »Vergebung ohne Ende!« So wie Jesus dir immer wieder vergibt, egal wie oft du schon mit derselben Sache gekommen bist, so sollst auch du immer wieder vergeben! Vergebung hat Auswirkungen auf unser Leben. Ich möchte dir dazu gerne zwei Situationen aus meiner Familie erzählen, die mich echt verändert haben!

Mein Vater und ich!

Das erste Erlebnis liegt schon mehr als 25 Jahre zurück. Wir waren beim Abendbrot und mein Vater und ich bekamen einen Riesenstreit. Mein Vater wurde ziemlich laut und schrie mich an. Ich fühlte mich völlig zu Unrecht attackiert, stand vom Essen auf, knallte die Tür zu und rannte auf mein Zimmer, wo ich mich heulend in mein Bett vergrub. Ich fühlte mich unschuldig, und ausnahmsweise war ich es wirklich! Tausend Gedanken schossen mir durch den Kopf, und ich verstand die Welt nicht mehr. Eine halbe Stunde später klopfte es an der Tür und mein Vater kam mit gesenktem Kopf und ernstem Blick herein. Er kniete sich vor mein Bett, legte seine Hand auf meinen Kopf und entschuldigte sich für seinen »Ausraster«. Er erklärte mir, dass er schlecht gelaunt war, und dass es nicht richtig war, dies an mir auszulassen. Ich war total beeindruckt, dass mein Vater sich bei mir entschuldigte, dass er den Mut hatte, auf mich zuzukommen, und mir keinerlei Vorwürfe machte. Ich hatte ja auch nicht gerade gut reagiert. Dieses Verhalten kam und kommt mir heute immer wieder in den Sinn, wenn ich in einer ähnlichen Situation bin.

Das zweite Erlebnis war etwas später. Ich war 14 Jahre alt und war frisch im Jugendkreis in Adelshofen. Samstagabend durfte ich zum ersten Mal zum Offenen Abend der Jugend. Ich war völlig begeistert und merkte nicht, wie die Zeit verging. Um ein Uhr nachts kam ein Freund von mir und meinte, dass mein Vater vor dem Gemeindehaus auf der Bank sitzen würde. Ich war etwas erstaunt, ging raus und fragte meinen Vater, was er denn da machen würde. Er antwortete mir, dass er um zwölf Uhr von zu Hause losgegangen sei, um nach mir zu suchen, da er sich langsam Sorgen machte. Er wollte aber nicht ins Gemeindehaus reinkommen, um mich nicht an meinem ersten Offenen Abend vor den anderen zu blamieren. So saß er fast eine Stunde vor dem Gemeindehaus und wartete auf mich. Das hat mich doch sehr beeindruckt. Ich habe gemerkt, dass mein Vater mich wirklich liebt und das Beste für mich will.

Diese beiden Erlebnisse haben mir gezeigt, dass auch in Streit und Meinungsverschiedenheiten eine gute Basis gelegt ist. Heute haben wir ein sehr freundschaftliches Verhältnis, das ich genieße und über das ich sehr dankbar bin.

Vielleicht tröstet es dich, dass es bei Jesus auch öfter ordentlich Stress mit seiner Familie gab. (Lies mal weiter.)

 **YourStyle:**

- Wer entschuldigt sich bei euch in der Familie nach einem Streit zuerst?
- Warum fällt es dir schwer, dich bei deiner Familie zu entschuldigen?

❤ **JesusStyle:**

- Bei wem müsstest du dich noch entschuldigen?
- Wem gegenüber müsstest du dein Verhalten oder deine Einstellung verändern?

Nirgends
gibt es mehr Zoff – auch bei Jesus!

»JesusStyle hat mir Kraft gegeben mit meinen Eltern weiterzuleben, obwohl es für uns gerade sehr schwierig ist.«

Mercedes, 14 Jahre

Jesus hatte ein sehr angespanntes Verhältnis zu seiner Familie. Sie haben sich geliebt und selbst als er starb, war seine Mutter dabei und er hat daran gedacht, sie zu versorgen. Aber es gab auch eine Menge Zoff. Es ging in der Pubertät los, Jesus war 12 Jahre alt und tat das, was er für richtig hielt, und seine Eltern fanden das gar nicht gut. Darüber hinaus hat er sich nicht für sein Verhalten entschuldigt, sondern hat seinen Eltern sogar Vorwürfe gemacht (Lukas 2,41-52)!

Jedes Jahr zum Passahfest zogen seine Eltern nach Jerusalem hinauf. Als Jesus zwölf Jahre alt war, nahmen sie auch wieder am Fest teil. Nach den Feierlichkeiten machten sie sich auf den Heimweg nach Nazareth, doch Jesus blieb in Jerusalem zurück. Zuerst vermissten seine Eltern ihn nicht, weil sie annahmen, dass er sich bei Freunden unter den anderen Reisenden befand. Doch als er am Abend immer noch nicht erschien, begannen sie, bei ihren Verwandten und Freunden nach ihm zu fragen. Da sie ihn nirgends finden konnten, kehrten sie nach Jerusalem zurück, um dort nach ihm zu suchen. Nach drei Tagen endlich entdeckten sie ihn. Er saß im Tempel inmitten der Lehrer, hörte ihnen zu und stellte Fragen. Alle, die ihn hörten, staunten über sein Verständnis und seine klugen Antworten. Seine Eltern wussten nicht, was sie davon halten sollten. »Kind!«, sagte seine Mutter zu ihm. »Wie konntest du uns das anzutun? Dein Vater und ich waren in schrecklicher Sorge. Wir haben dich überall gesucht.« »Warum habt ihr mich gesucht?«, fragte er. »Ihr hättet doch wissen müssen, dass ich im Haus meines Vaters bin.« Doch sie verstanden nicht, was er damit meinte. Daraufhin kehrte er mit ihnen nach Nazareth zurück und war ihnen ein gehorsamer Sohn. Seine Mutter bewahrte all diese Dinge in ihrem Herzen. So wuchs Jesus heran und gewann an Weisheit. Gott liebte ihn, und alle, die ihn kannten, schätzen ihn sehr.

Das ist eine coole Story. Jesus wusste schon ziemlich genau, was er wollte und was nicht! Schon mit 12 Jahren war sein Style zu erkennen. Dass ein 12-jähriger Jude sich in den Schriften des Alten Testaments auskannte, war damals nichts Ungewöhnliches. Die Juden lernten mit der Thora (den 5 Büchern Mose) lesen und schreiben. Aber dass er die Priester und Schriftgelehrten belehrte, war schon eine Sensation! Dann kam der Stress mit den Eltern: »Warum hast du uns das angetan?« Kommt dir die Reaktion bekannt vor? Maria und Josef waren ganz normale Eltern. Das Problem war nur, dass Jesus kein ganz normaler Junge war. Er war nicht nur Mensch, sondern auch Gott! Vergiss das nicht, bevor du deine Reaktionen deinen Eltern gegenüber mit denen von Jesus vergleichst. Jesus ging nämlich ganz schön hart mit seinen Eltern um: Er wies sie vor allen Leuten zurecht und erklärte ihnen, zu welcher Familie er gehörte. Seine Eltern verstanden aber nur Bahnhof und alle gingen zusammen wieder nach Hause. Damit ist die Geschichte nicht zu Ende, sondern da gibt es noch einen kleinen Halbsatz: »... *war ihnen ein gehorsamer Sohn.*« Ja, Jesus widersprach seinen Eltern, wenn es um Gottes Sache ging, wenn es um JesusStyle ging. Er gehorchte ihnen aber, wenn es um den ganz normalen Familienalltag ging! Ich glaube, dass das ein großer Unterschied ist. Auch du sollst Gott mehr gehorchen als den Menschen, ohne deine Eltern zu missachten!

Bei Jesus wurde es schnell ganz klar, dass Gott der Vater die höchste Priorität hatte und dass er nicht nur seine irdische Familie kannte, sondern auch noch eine geistliche Familie hatte. Seine Jünger und andere Nachfolger, um die er sich kümmerte (Matthäus 12, 46-50)!

Während Jesus noch zu den Leuten redete, kamen seine Mutter und seine Brüder zu ihm und wollten ihn sprechen. Jemand sagte zu Jesus: »Deine Mutter und deine Brüder stehen draußen, sie möchten dich sprechen.« Jesus fragte: »Wer ist meine Mutter? Und wer sind meine Brüder?«

Und er zeigte auf seine Jünger und sagte: »Diese Leute sind meine Mutter und meine Brüder. Wer den Willen meines Vaters im Himmel erfüllt, ist mein Bruder und meine Schwester und meine Mutter!«

Es gibt Zeiten, da sind andere Dinge wichtiger als die Familie. Das heißt aber nicht, dass man sie nicht mehr liebt oder achtet! Jesus hatte einen klaren Auftrag von Gott für seine Zeit auf der Erde und dem ist er auch nachgekommen. Und er erweiterte die normale Familie um die geistliche Familie. Er hob die traditionelle Familie nicht auf, sondern erweiterte sie um seine Nachfolgerinnen und Nachfolger. Diese große Familie nennen wir heute Gemeinde (vgl. auch Kapitel 8).

Jesus war seine leibliche Familie trotzdem noch wichtig. Das sehen wir besonders kurz vor seinem Tod. Jesus wurde zum Tode verurteilt und nach traditioneller römischer Art ans Kreuz genagelt. Ein furchtbarer Tod. Als er da hing, war auch seine Familie da, um ihn zu begleiten und Jesus machte sich sogar kurz vor seinem Tod noch Gedanken um seine Mutter (Johannes 19,25-27):

In der Nähe des Kreuzes standen die Mutter von Jesus und ihre Schwester sowie Maria, die Frau von Klopas, und Maria Magdalena. Als Jesus seine Mutter dort neben dem Jünger stehen sah, den er lieb hatte, sagte er zu ihr: »Frau, das ist jetzt dein Sohn.«, und zu dem Jünger sagte er: »Das ist nun deine Mutter.« Von da an nahm der Jünger sie zu sich in sein Haus.

Jesus regelte seine Familienverhältnisse. Er bat seinen besten Freund Johannes, dass er sich um seine Mutter kümmern soll. Jesus hatte auch bei seiner Familie seinen eigenen Style: Er liebte sie, und trotzdem stellte er Gott und seinen Auftrag noch höher.

 **& YourStyle:**

- Warum ist dir deine Familie manchmal egal?

- Was denkst du über die Familie Gottes?

♥ **JesusStyle:**

- Wem in deiner Familie könntest du mal etwas richtig Gutes tun? Mal wieder ganz praktisch zeigen, dass du ihn oder sie lieb hast?

Family
konkret –
Was kann ich tun!?

»JesusStyle heißt, dass Jesus in irgendeiner Weise Familienmitglied ist.«   Franziska, 14 Jahre

Jetzt hast du einiges vom JesusStyle und der family von Jesus gehört, aber deine Familie bleibt trotzdem dieselbe, inklusive dir selbst! Auf der einen Seite ist es völlig normal, dass du dich mit deinen Eltern und Geschwistern zoffst. Du bist gerade dabei, eine selbstständige Person zu werden, und bist nicht mehr das kleine Kind, das sich alles sagen lässt! Deshalb musst du auch manchmal deine Vorstellungen vom Leben durchsetzen und deinen Eltern erklären, was dir wichtig ist. Auf der anderen Seite lebst du mit deinen Eltern unter einem Dach und sie sorgen für dich (Essen, Miete, Wäsche etc.) und kümmern sich um dich. Natürlich haben sie zum Teil andere Vorstellungen, wie man sein Leben lebt. Sie haben mehr Lebenserfahrungen und vieles schon selbst ausprobiert. Manches davon ist vielleicht auch in die Hose gegangen und sie wollen nicht, dass du dieselben Fehler machst wie sie. Lass dir von deinen Eltern erklären, was ihnen wichtig ist, warum sie dir manches verbieten und manchmal so streng sind. Erkläre ihnen, was dich am meisten an ihnen stört. Schreib dir doch einfach mal auf, was dich in deiner Familie so richtig aufregt und nervt. Nutze die kleine »Das-halt-ich-nicht-mehr-aus-Liste«!

Meine »Das-halt-ich-nicht-mehr-aus-Liste«:

1. _____
2. _____
3. _____
4. _____
5. _____

Vielleicht haben deine Eltern und Geschwister auch eine »Das-halt-ich-nicht-mehr-aus-Liste« über die Sachen, die sie am meisten stören. Dann setzt euch zusammen und tauscht euch darüber aus. Was sind wirkliche Probleme und was ist vielleicht ganz einfach zu lösen, wenn jeder ein bisschen auf den anderen zugeht und ihn versucht besser zu verstehen?

Familienkonferenz

So nennt man es, wenn die ganze Familie zusammenkommt und jeder das sagen darf, was ihm wichtig ist oder stinkt und wo er Verbesserungsvorschläge einbringen kann! Das Ganze kann auch ganz anders genannt werden, z.B. Familienrat oder Samstagsrunde. Einige Punkte sind wichtig, sonst klappt es erfahrungsgemäß nicht:

- *Regelmäßigkeit*. Es gibt feste Termine, vielleicht alle zwei Wochen (zum Beispiel jeden zweiten Samstag nach dem Frühstück). Natürlich kann man die Konferenz bei Bedarf auch kurzfristig ansetzen.
- *Offenheit*. Es ist erlaubt, über alles zu reden: über Wünsche, Klagen, Pläne, Putzdienst, Taschengeld, Essen etc.
- *Regeln*. Jeder hat das Recht zu sprechen, ohne unterbrochen zu werden. Wer viel kritisiert, sollte auch Verbesserungsvorschläge bringen.
- *Protokoll*. Oft ist es sinnvoll, mitzuschreiben. Sonst erinnert sich später der eine oder andere nicht mehr an bestimmte Abmachungen.

Natürlich gibt es eine ganze Menge Hilfen und Tipps, aber dafür ist hier nicht genügend Platz. Deshalb hier nur ganz kurz das Allerwichtigste.

Klare Regeln für alle: Eltern und Kinder!

Ausgemachte Regeln gelten für alle und müssen transparent sein. Sie sollten am besten irgendwo in der Küche aufhängt werden. In den Regeln steht genau, was von jedem erwartet wird und wie die Kontrolle aussieht. Zum Beispiel: Zimmer muss einmal in der Woche aufgeräumt werden, spätestens am Samstagmorgen. Samstag nach dem Mittagessen wird es durch den Vater kontrolliert.

Jemand Neutrales dazuholen, wenn es in der Familie nicht klappt!

Wenn das alles nicht klappt, ist es ratsam, jemand Neutrales dazuzuholen. Das ist gar nicht schlimm. Ich bin als Pastor bei vielen Familien gewesen und habe versucht Kindern und Eltern zuzuhören.

👧 & 👦 YourStyle:

- Weswegen und mit wem gibt es immer den meisten Krach?

- Wo trägst du entscheidend dazu bei?

♥ JesusStyle:

- Was kannst du tun, dass diese Streitpunkte aufhören? Wo musst du dich konkret ändern?

- Was könnt ihr als Familie gemeinsam tun? Wie wäre es, wenn du mal eine Familienkonferenz einberufst?

JesusWeek 9

In deiner family

Mache mit allen Familienmitgliedern, die im Haus wohnen, ein Interview (wenn Opa und Oma mit im Haus wohnen, auch mit ihnen!). Jeder bekommt dieselben Fragen gestellt. Danach trifft man sich und wertet gemeinsam aus, indem man die Antworten miteinander vergleicht. Schreibt dazu einfach die Antworten mit dem dazugehörigen Namen auf!

- Was findest du toll an unserer Familie?

- Was sind deiner Meinung nach die größten Streitpunkte in der Familie?

- Wer setzt sich für das Familienleben am meisten ein (Zeit, Initiative etc.) und wer am wenigsten?

- Wann haben wir als ganze Familie das letzte Mal miteinander geredet?

- Was ist deiner Meinung nach das größte Hindernis für unser Familienleben?

- Was sollte man deiner Ansicht nach tun, damit es besser wird?

Auswertung:

Was läuft toll in unserer Familie?

_____
_____
_____
_____
_____
_____
_____
_____
_____

Was sind die größten Probleme in unserer Familie? (Was wurde als häufigstes genannt?)

_____
_____
_____
_____
_____
_____
_____
_____
_____
_____
_____

Worüber sollten wir dringend miteinander reden? Versuche eine Familienkonferenz einzuberufen! (Denk an die Regeln dazu!)

JesusWeek:

Danke Gott für deine Familie; dafür, dass sie sich um dich sorgt, für dich da ist etc.
(Auswertung Frage 1).
Bete für deine Familie. Ganz konkret für die Probleme, die gerade aktuell sind (Auswertung Frage 2).

Was kannst du diese Woche deiner Familie Gutes tun? (Im Haushalt helfen, versuchen nicht zu streiten, dich entschuldigen, wenn das nötig ist etc.)

_____
_____
_____
_____
_____
_____
_____
_____
_____
_____
_____

KAPITEL 10:

JesusStyle
. Mit deinen Freunden .

»Ein Freund ist ein Mensch, vor dem man laut denken und fühlen kann.«
Ralf Emmerson

»Ich habe durch JesusStyle gelernt, mich nicht mehr für Gott zu schämen.«
Jonas, 15 Jahre

Wer
eigentlich wem
peinlich ist?!

»Ich versuche nicht den Willen meiner Freunde zu erfüllen, sondern den von Jesus – und das ist nicht so leicht.«

Johannes, 15 Jahre

JesusStyle bei seinen Freunden und in seiner Clique zu leben, ist eine echte Herausforderung, aber gerade da zeigt sich deine Treue. Viele Christen haben Angst, Jesus in ihrer Klasse und in ihrer Schule zu bekennen. Es ist ihnen peinlich und sie denken, dass ihre Klassenkameraden sie dann nicht mehr ernst nehmen. Hast du dir schon mal vorgestellt, dass es Gott genauso geht?

Stell dir mal vor, du gehst mit deiner Freundin in die Disco (wenn du ein Mädchen bist, gehst du mit deinem Freund in die Disco!) und du holst gerade etwas zu trinken und deine Freundin tanzt. Nach einer Weile kommst du zurück und du siehst sie mit einem anderen wild tanzen. Du schaust den beiden entgeistert zu. Nach einer Weile fragt der Typ deine Freundin: »Hey, kennst du den Heini, der die ganze Zeit so glotzt?« Und deine Freundin sagt: »Nein, keine Ahnung, nie gesehen!« Du glaubst, dich trifft der Schlag, und du denkst, dass du wohl im falschen Film bist. Gott geht es manchmal genauso, wenn wir ihn verleugnen, vor unseren Freunden oder irgendjemand anderem. Es tut ihm richtig weh und er ist sehr traurig darüber. Aber es gibt einen großen Unterschied zu uns: Während wir oft nachtragend und sauer sind (ich jedenfalls), ist Jesus bereit, uns zu vergeben. Petrus hat das echt krass erfahren, als er Jesus verleugnet hat (Matthäus 26,69-75). Er hat Jesus nach drei Jahren intensiver Zusammenarbeit komplett verleugnet. Hat gesagt, dass er nicht einmal weiß, wer dieser Jesus ist! Das ist echt der Hammer. Dreimal hat Petrus gelogen und Jesus war echt traurig darüber. Einige Zeit nach der ganzen Geschichte treffen sich Petrus und Jesus wieder und es geschieht etwas Unglaubliches! Jesus ist nicht beleidigt, macht Petrus keine Vorwürfe, sondern stellt ihm nur eine Frage: »Petrus, hast du mich lieb?« Jesus geht es nicht um Moral, nicht um Besserwisserei, sondern um Liebe. Petrus ist überwältigt davon und sagt: »Du weißt, dass ich dich lieb habe!« Petrus bekommt von Jesus erneut das Vertrauen geschenkt. Jesus sieht das Herz. Die Liebe von Petrus ist ihm wichtiger als sein perfektes Verhalten! Und Jesus hat Recht, er täuscht sich nicht in Petrus. Aus Petrus wird einer der wichtigsten Männer der damaligen Zeit und der kommenden Gemeinde.

Jesus täuscht sich auch nicht in dir. Du bist ihm wichtig, auch wenn du Fehler machst, selbst wenn du ihn verleugnest und ihn anlügst. Es ist nie zu spät, zu Jesus zurückzukommen! Er steht mit offenen Armen da, um dich aufzunehmen!

Warum Jesus niemals peinlich ist!

Seien wir doch mal ehrlich: Es gibt so viel Sachen, die wirklich peinlich sind. Wir nehmen sie manchmal nur nicht wahr, weil sie von der breiten Masse akzeptiert werden. Da ist beispielsweise der 52-jährige Beamte in »Wer wird Millionär«, der kaum auf seinen Sitz kommt, weil er mit beiden Händen ein rosagraues Knäuel umfasst. Sein Glücksschwein, wie er keuchend erklärt, ohne das heute gar nichts geht. Kaum ein Interview, bei dem es in der vergangenen Fußballsaison nicht um die Glücksbringerbekleidung (von Krawatten bis Sakkos) ging. Horoskope an der Einkaufskasse, Glückskekse beim Chinesen, Wahrsager in der Fußgängerzone, Powerarmbändchen an den Handgelenken, Glückssteine um den Hals: Der Aberglaube hat Hochkonjunktur! Und wir? Was machen wir? Wie zeigt sich unser Glaube? Der Glaube an den Gott, der uns erlöst und frei gemacht hat? Der Gott, der größer und mächtiger ist, als alle Glücksschweine und Glückssteine dieser Welt!

Und uns scheint Gott peinlich zu sein!?

Vor ein paar Jahren starb die großartige Schriftstellerin Astrid Lindgren. Die sympathische Schwedin hinterließ uns eine Fülle guter Kinderliteratur, die noch Generationen von Kindern (und Erwachsenen) begeistern wird. Mein persönlicher Favorit als Kind war neben »Pippi Langstrumpf« natürlich »Michel aus Lönneberga«. Der kleine Kerl, der seinen Vater und noch manche andere in Katthult mit seinen Streichen fast zur Verzweiflung trieb. Meine Lieblingsgeschichte ist »Michel und die Suppenschüssel«! Michel konnte gar nicht genug von der guten Rindfleischsuppe seiner Mutter bekommen und steckte zum Schluss seinen Kopf in die Schüssel, um auch noch den letzten Rest der guten Soße zu verspeisen. Richtig, es kam, wie es kommen musste: Michel bekam seinen Kopf nicht mehr aus der Schüssel. Alles Zerren und Probieren half nichts, der Kopf steckte fest. Michel musste den ganzen Tag mit der Schüssel herumlaufen, bevor seine Mutter sie in tausend Teile zerschlug und Michel wieder frei war.

Nun habe ich es bisher nicht beobachtet, dass bei uns in den Gemeinden Kids oder Erwachsene mit einer Schüssel auf dem Kopf herumlaufen ... Oder doch? Vielleicht sind unsere Schüsseln und Töpfe einfach nur nicht mit bloßem Auge sichtbar? Vielleicht sind sie nur zu spüren, aber nicht real zu sehen? In Matthäus 5,14-16 stehen drei interessante Verse über christliche Topfträger:

Ihr seid das Licht der Welt – wie eine Stadt auf einem Berg, die in der Nacht hell erstrahlt, damit alle es sehen können. Versteckt euer Licht nicht unter einem umgestülpten Gefäß! Stellt es lieber auf einen Lampenständer und lasst es für alle leuchten. Und genauso lasst eure guten Taten leuchten vor den Menschen, damit alle sie sehen können und euren Vater im Himmel dafür rühmen.

Wir sind das Licht für diese Welt, Jesus soll durch uns leuchten, wir sollen durch unser Leben Jesus verkündigen und dadurch den Vater im Himmel preisen. Ein klarer Auftrag für uns, eine Selbstverständlichkeit für jeden Christen! Und was machen wir? Rennen auf jeden Hügel in unserer Stadt, damit wir für möglichst viele Menschen »leuchten«? Nein, wir rennen in die Küche, suchen uns den größten Topf aus und stülpen ihn über unseren Kopf, damit uns ja niemand leuchten sieht (denn gegen das Leuchten an sich können wir nichts tun). Dann rennen wir »kopflos« durch die Gegend, sind froh, dass wir niemanden von Jesus erzählen müssen und dass niemand uns erkennt. Aus Gottes Sicht und Perspektive ergibt sich ein kurioses und trauriges Bild: Viele Christen rennen orientierungslos mit dicken Schüsseln und Töpfen auf ihren Köpfen durch ihr Christenleben, stolpern über ihre Arbeitskollegen und scheppern mit ihren Brüdern und Schwestern schmerzhaft zusammen.

Gott möchte sein Licht durch dich strahlen lassen, er möchte dich gebrauchen. Dazu ist sein Sohn Jesus Christus am Kreuz gestorben. Nimm deinen Topf ab, befreie dich von deiner Schüssel und lebe dein Christsein. Die Brasilianer in der Bundesliga machen es vor. Sie reißen sich nach ihren Toren die Trikots vom Leib und darunter kommt in gut lesbarer Schrift »100% Jesus« oder »Jesus liebt dich« hervor. Sie fallen auf die Knie und recken ihre verschwitzten Arme gen Himmel, um Gott zu preisen. So sind sie, die Zé Robertos, Cacaus, Lucios oder Bordons – nichts scheint ihnen peinlich zu sein für ihren Gott.

Also, hab keine Angst vor dem, was deine Freunde von dir denken, wenn du ihnen von deinem Gott und deiner Gemeinde erzählst. Ich glaube, dass wir viel zu viel unbegründete Angst haben! Und das muss wirklich nicht sein!

 & YourStyle:

- Wovor habe ich Angst bei meinen Freunden? Dass sie mich auslachen, nicht mehr ernst nehmen?

- Was steckt hinter dieser Angst? Nicht angenommen sein? Außenseiter sein?

- Was ist mir peinlich am Glauben?

♥ JesusStyle:

- Ich bin Jesus nicht peinlich, egal was ich mache oder wie ich mich anstelle! Vielleicht ist es mal an der Zeit, Jesus dafür zu danken, dass er mich so annimmt, wie ich bin!

- Bete diese Woche jeden Tag für einen deiner Freunde: _____ und bitte Gott, dass er dir eine gute Gelegenheit schenkt, bei der du ihm von deinem JesusStyle erzählen kannst!

JesusStyle · Mit deinen Freunden

Deine
Freunde können dein
Leben entscheiden!

»Ich habe neue Freunde gefunden, ich komme mit viel mehr Leuten jetzt gut aus.«

Joel, 14 Jahre

Deine Freunde beeinflussen dein Leben, ob du das willst oder nicht. Was sie machen, was sie denken, was sie gut und schlecht finden, das prägt dich! Deshalb ist es wichtig, dass du dir wirklich überlegst, wer deine Freunde sind und ob sie wirklich deine Freunde sind.

Ich hatte vor ein paar Wochen ein Gespräch mit einem Jugendlichen, der mir sagte, dass all seine Freunde gar nicht wüssten, dass er Christ sei. Er schämte sich vor Gott, dass er sich nicht getraut hatte, es zu sagen. Ich fragte ihn, wovor er Angst hat, und er erzählte mir, dass seine Freunde ab und zu über andere Christen lästern und sich über sie lustig machen würden. Deshalb habe er nicht den Mut, sich zu Gott zu bekennen oder sie in die Jugend einzuladen. Ich habe dann nachgefragt, ob das wirklich seine Freunde seien, und er hat geantwortet: »Na ja, vielleicht eher Kumpels.« Auf solche Beziehungen kannst du keine Freundschaft aufbauen. Wir haben dann noch lange geredet – über Jesus, Kumpel und wahre Freundschaft. Wahre Freundschaft sieht anders aus:

Freunde nehmen dich so an, wie du bist. Ein richtiger Freund würde sich nicht über deinen Glauben lustig machen oder dich vor anderen bloßstellen. Ein Freund steht zu dir – egal, was passiert. Ein Freund freut sich über deine Erfolge. Er fiebert mit dir und ist nicht sauer, wenn du die besseren Noten schreibst. Ein Freund hilft dir sogar, dich weiterzuentwickeln und deine Gaben und Fähigkeiten zu entdecken.

Ich las in der Zeitung einen Artikel von Edward Reid, der mich gerade zu diesem Thema nachdenklich machte:

Sein Haus hatte keine Heizung, seine alte Kleidung ließ er ständig flicken, er fuhr einen rostigen Kleinwagen – mit einem Wort: Er war Schotte. Niemand, weder die Verwandtschaft noch die Nachbarn, ahnte etwas vom Reichtum des Edward Reid. Er lebte in ärmlichen Verhältnissen. Sein Haus war so heruntergekommen wie er selbst. Als sein altes Auto nicht mehr durch den TÜV kam, kaufte er sich vor drei Jahren einen gebrauchten, rostigen Ford Fiesta. Eine Nachbarin hatte solches Mitleid mit dem ausgemergelten Junggesellen, dass sie ihm einmal eine warme Mahlzeit anbot, die er nach einigem Zögern annahm. Als er mit 85 Jahren starb, stellte sich heraus, dass er mehr als zwei Millionen Euro auf der Bank und 25 Millionen Euro in Aktien hatte. Zwei Cousinen und ein Vetter sind die glücklichen Erben. Seine 68-jährige Putzfrau, die für sechs Stunden Arbeit pro Woche 40 Euro bekam, zeigte sich fassungslos: »In seinem Haus war es immer kalt, und er hatte seit Jahren nichts mehr dran getan.«

Vielleicht ist die Geschichte nicht nur eine verrückte Geschichte, sondern ein Bild. Wir leben »schottisch« mit unseren Freunden. Dabei verfügen wir über ein ungeheures Potenzial und über ungehobene Schätze. Denn wir haben es mit einem verschwenderischen Gott zu tun, der jeden von uns begabt hat. Freunde sind dazu da, sich gegenseitig zu helfen, diese Gaben auszuleben. Unter Freunden herrscht Vertrauen, da gibt es Offenheit und da kann ich ehrlich sein, so wie ich bin und muss dem anderen nichts vorspielen!

Freunde sind etwas total Wichtiges. Ich habe zwei Freunde, die ich jetzt schon über 20 Jahre kenne und bei denen ich so sein kann, wie ich bin. Wenn ich Probleme habe, dann kann ich nachts um 3.00 Uhr vor der Tür stehen und sie würden mich reinlassen und mir helfen. Das, was du wirklich denkst, kannst du mit deinen Freunden teilen Da gibt es keine Schauspielerei, keine Schokoladenseite, sondern die ungeschönte Wahrheit ...

 **YourStyle:**

- Helfen dir deine Freunde, deine Fähigkeiten und Begabungen zu entdecken und einzusetzen? Oder verhindern sie das?

- Kannst du bei deinen Freunden so sein, wie du bist?

♥ **JesusStyle:**

- Helfen dir deine Freunde in deinem *JesusStyle*?

- Frage deine Freunde, ob ihr euch mal Zeit zum gemeinsamen Gebet nehmen könnt!

Was Jesus für seine Freunde tat!

»Meine Freunde wissen, dass ich JesusStyle lebe, und ich zeige es ihnen auch.« Ramona, 15 Jahre

Jesus hatte auch Freunde, zwölf Freunde, die er sich ausgesucht hat und mit denen er drei Jahre durch dick und dünn gegangen ist. Sie haben zusammen super Sachen erlebt und hatten den vollen Trouble miteinander. Zum Schluss hat Jesus sein Leben für sie und viele andere gegeben.

Jesus hat sein Leben gegeben, weil du für ihn einmalig bist. Weil er dich liebt und möchte, dass du mit ihm deine Zeit verbringst, hier auf Erden und die ganze Ewigkeit! Weil mir das manchmal zu rätselhaft ist, hat mir ein Beispiel eines Missionars aus Tansania geholfen, das er in meiner alten Gemeinde in Stuttgart erzählt hat:

Der Missionar musste jeden Tag von seinem Haus zu seiner Missionsstation gehen. Zuerst einen Hügel hinauf, dann über ein ausgetrocknetes Flussbett und dann war er auch schon fast da. Er beobachtete die Natur und eines Tages fiel ihm in dem ausgetrockneten Flussbett eine Ameisenkolonie auf, die dort fleißig ihren Bau errichtete. Jeden Tag konnte er nun beobachten, wie der Ameisenbau wuchs. Es waren große rote Ameisen, die in Tansania *Sissimissi* genannt werden. Diese Sissimissis waren sehr fleißig. So wuchs der Bau rasch und wurde größer und größer. Mittlerweile war er über einen Meter hoch und mehrere Meter breit, es mussten Millionen von Sissimissis sein. Eines Tages, als der Missionar fasziniert vor dem wimmelnden Bauwerk stand, hörte er in der Ferne ein Grollen und Brummen. Die Regenzeit begann mit einem Gewitter in den Bergen. Schlagartig wurde ihm klar, dass der Regen das ausgetrocknete Flussbett in ein paar Stunden in einen reißenden Fluss verwandeln würde. Das bedeutete für ihn, dass er wieder einen Umweg über die große Brücke machen müsste – aber für seine Sissimissis bedeutete dies den sicheren Tod! Das erschütterte den Missionar und er überlegte, wie er die Millionen von Sissimissis retten könnte. Aber so sehr er auch überlegte, er kam auf keine Lösung. Wollte er sie aus dem Flussbett tragen, würde er Tage brauchen, und selbst dann würden sie immer wieder zurück zu ihrem Bau krabbeln. Die einzige Möglichkeit wäre, selbst eine Sissimissi zu werden.

Dann könnte er die Sissimissis warnen. Doch das war leider nicht möglich. Als er noch so dastand, wurde ihm plötzlich klar, dass Jesus der erste Sissimissi war. Er hat seinen sicheren Platz im Himmel aufgegeben, um für dich und mich Mensch zu werden, um auf die Erde zu kommen und in unserer Sprache zu uns zu reden. Er hat sein Leben gegeben, damit wir in Sicherheit kommen können. Damit wir gerettet werden. Unglaublich!

Das ist JesusStyle: Jesus gibt alles auf, um uns zu begegnen. Er opferte sich, damit wir ans rettende Ufer kommen können, weil wir es allein nicht schaffen. Wir meinen, alles sei sicher, weil wir die Gefahr nicht kennen oder erkennen wollen. Wenn Jesus nicht Mensch geworden wäre, hätten wir nicht die Möglichkeit zur Vergebung und nicht die Chance zum Vater zu kommen. Deshalb hat Gott seinen Sohn Jesus geschickt und er hat sein Leben für deins gegeben. Das ist dein Leben wert: Gott hat seinen Sohn geopfert!

 YourStyle:

- Wie zeigt sich die Freundschaft zu Jesus in deinem Alltag?

- Was sind Kennzeichen dieser Freundschaft? Woran erkennt man sie?

> ❤ **JesusStyle:**
>
> - Jesus hat aus Freundschaft zu dir sein Leben gegeben. Nimm dir mal Zeit zu überlegen, was das für dich bedeutet?
>
> - Nimm dir heute mal eine extra Zeit zum Danken – für die Freundschaft von Jesus zu dir!

JesusWeek 10

Mit deinen Freunden

Die Freundschaft zwischen Barnabas und Paulus

Paulus musste nach seiner Bekehrung vor den aufgebrachten Juden fliehen und fand bei Barnabas in Jerusalem Unterschlupf. Dort verbrachte er einige Zeit und es begann eine Freundschaft, die Jahre andauerte.

Paulus ging dann weiter in seinen Heimatort Tarsus, wo er ca. 10 Jahre blieb. In der Zwischenzeit wuchs die Gemeinde in Jerusalem und Umgebung. Durch die Christenverfolgung in Jerusalem entstanden neue Gemeinden, unter anderem in Antiochien. Dort gab es einen geistlichen Aufbruch. Die Gemeinde in Jerusalem sandte Barnabas als Leiter dorthin.

Der erinnerte sich an Paulus (vielleicht hatte er auch die ganze Zeit Kontakt zu ihm) und holte ihn auf seiner Reise nach Antiochien in Tarsus ab. Barnabas und Paulus arbeiteten dort zwei Jahre zusammen. Währenddessen wurde Barnabas so etwas wie Paulus geistlicher Vater. Sie hatten eine Freundschaft, in der sie beide von einander lernten. Zusammen mit Johannes Markus (der Vetter von Barnabas) wurden sie auf die erste Missionsreise geschickt. Auf der Hälfte der Missionsreise musste Johannes die Reise aus uns unbekannten Gründen (vielleicht Krankheit?) abbrechen und nach Hause zurückkehren. Nach Beendigung der Missionsreise und einem Aufenthalt in Jerusalem wollten Barnabas und Paulus wieder ausreisen. Es gab einen Riesen-Streit, der damit endete, dass sie sich trennten.

Worum ging es?

Barnabas wollte seinen Vetter Johannes wieder mitnehmen; Paulus dagegen wollte ihn nach den schlechten Erfahrungen der ersten Reise auf keinen Fall mehr mitnehmen. Paulus sah die Missionsaufgabe als erste Priorität. Barnabas sah mehr die Person Johannes, die Hilfe und Ermutigung benötigte. Von ihrem jeweiligen Standpunkt aus gesehen, hatten sicher beide Recht.

Kann es denn überhaupt sein, dass ein Apostel und einer seiner besten Mitarbeiter sich so zerstritten haben? Warum hielt Lukas dies für so wichtig, dass er es für die Nachwelt aufschrieb? Besteht hier nicht ein Widerspruch zu dem, was ein paar Kapitel vorher steht, nämlich dass sie einmütig im Gebet[8] und in der ständigen Gemeinschaft[9] waren?

Nein! Die ersten Christen hatten eine enge Gemeinschaft. Sie waren einmütig im Gebet. Trotzdem waren sie Menschen, die auch Schwächen hatten. Deshalb ist nicht verwunderlich, dass ein Streit im zwischenmenschlichen Bereich ausbrach. Es muss schon heftig gekracht haben zwischen den beiden. Im Text steht nichts darüber, dass eine große Versöhnung stattfand. Dass sie sich mit Tränen in den Augen vergaben – nein! Sie trennten sich, kurz und schmerzlos! Es ist schon ganz schön hart, was da ablief und welche Konsequenzen es hatte. Für uns ist es ermutigend zu lesen, dass Schwierigkeiten normal sind, dass es mal knallen kann und sich vielleicht sogar die Wege trennen. Die Freundschaft zwischen Paulus und Barnabas war trotzdem nicht zu Ende. Aus den Briefen und Grüßen des Paulus kann man deutlich sehen, dass er Barnabas Recht gab und Johannes Markus als wichtigen Mitarbeiter anerkannte. Er arbeitete mit ihm sogar wieder zusammen.[10] Markus wurde ein wichtiger Zeitzeuge. Er schrieb ein Evangelium. Wie oft und wie eng Paulus und Barnabas dann noch zusammengearbeitet haben, ist uns nicht bekannt. Es würde sich bestimmt lohnen, diese drei verschiedenen Charaktere und ihre gegenseitigen Beziehungen, Freundschaften und auch Schwierigkeiten noch näher zu betrachten!

♥ JesusStyle:

- Wo hast du mit deinen Freunden den meisten Streit?

- Wie geht ihr nach einem Streit miteinander um?
  Wie kommt es zu einer Versöhnung?

 & YourStyle:

- Wie zeigt sich die Freundschaft zu Jesus in deinem Alltag?

- Was sind Kennzeichen dieser Freundschaft? Woran erkennt man sie?

JesusWeek:

Schreibe deinem Freund/deiner Freundin einen Brief, was du an ihm/ihr schätzt, wofür du dankbar bist und was du von ihm/ihr gelernt hast.

KAPITEL 11:
JesusStyle
. In deiner Schule .

»Wer sich hier auf der Erde öffentlich zu mir bekennt, den werde ich auch vor meinem Vater im Himmel kennen.«

Matthäus 10,32

»JesusStyle hat mir geholfen in der Schule nicht mehr so über meine Mitschüler und Lehrer zu lästern, auch wenn mir das manchmal schwerfällt!«
Marcel, 18 Jahre

JesusStyle · In deiner Schule

Dein
täglicher Überlebenskampf

»Manchmal vergess ich durch den ganzen Stress in der Schule JesusStyle einfach.«

Samuel, 15 Jahre

Jeden Montag derselbe Kampf, es geht wieder los, wieder eine anstrengende Woche in der Schule, wieder endloses Lernen, Ärger mit den Lehrern und Auseinandersetzungen mit den Schulkameraden. So sehen viele ihr Schulleben. Das macht nicht so richtig Spaß und manch einer kann es kaum erwarten, sich vom Schulleben endlich zu verabschieden!

Schule ist Pflicht, aber es kommt auf deine Einstellung an! Mitschüler und Lehrer – auch für sie gilt JesusStyle! Doch viele tauchen dann einfach unter. JesusStyle bedeutet, in deiner Klasse aufzutauchen. Das heißt nicht automatisch, dass du jeden Tag 100 Traktate verteilen musst, sondern dass du seinen Style ganz praktisch lebst. Vielleicht indem du nicht beim Lästern über die Lehrer mitmachst oder dich einmal um die kümmerst, die eher die Außenseiter in der Klasse sind. JesusStyle zeigt sich also ganz praktisch in deinem Verhalten gegenüber deinen Mitschülern und deinen Lehrern (sorry, aber die gehören auch dazu!).

Eine 6 in Mathe und 'ne 1 bei Gott?
Es kann sein, dass du in der Schule nicht mitkommst – aber du bist trotzdem von Gott geliebt! Bei Gott zählt nicht die Note und das, was im Zeugnis steht, sondern das, was du bist! Wir leben in einer Leistungsgesellschaft und oft machen wir unseren Selbstwert an dem fest, was wir leisten können. In der Schule bekommt man es dann schwarz auf weiß: die Noten – für jede Arbeit und am Ende jedes Halbjahrs. Da zeigt sich dann deutlich, was geleistet wurde und was nicht. Was du wert bist und was nicht! Ja? Ist das wirklich so? Ich denke, dass ein Zeugnis nur einen ganz kleinen Teil von dem zeigt, was man ist und was man zu leisten im Stande ist. Natürlich ist ein Zeugnis wichtig für die Zukunft, für Bewerbungen usw., aber es zeigt definitiv nicht deinen Wert an. Du bist mehr als dein Zeugnis und Gott findet dich gut und wertvoll, egal wie deine Noten sind. Das ist jetzt keine Aufforderung zur Faulheit, aber es heißt ganz klar, dass eine schlechte Note bei Gott nicht die Bedeutung hat, wie sie sie vielleicht für dich oder auch deine Eltern hat! Gott liebt dich und benotet dich, so wie du bist, mit einer 1; weil er dich geschaffen hat und einen Plan für dich und deine Zukunft hat!

Aufgetaucht und keiner da?
Was mache ich, wenn ich mein Christsein lebe, wirklich versuche auch in meiner Klasse Jesus-

Style zu leben und die anderen finden mich deshalb blöd, mich und mein ganzes Christsein? Was tun, wenn ich dadurch zum Außenseiter werde? Ich denke, dass diese Situation echt schwer ist, weil jeder gerne akzeptiert und beliebt sein möchte! Und ich weiß, wovon ich rede. Als ich 14 Jahre alt war, erlebte ich die schlimmste Zeit meines Lebens in der Schule. Ich wurde in der Klasse gemobbt und vor allem von zwei Mitschülern ständig wegen meines Christseins gehänselt und sogar geschlagen. Es war fast ein tägliches Ritual an der Bushaltestelle: Die zwei schlugen mich auf die Wange und zitierten dann Jesus: »Dann halte auch deine linke Wange hin!« Die Schläge taten natürlich weh, aber viel schlimmer fand ich die Demütigung vor allem vor den Mädchen, die zugeschaut haben. Oft bin ich heulend nach Hause gerannt oder gar nicht in die Schule gegangen. Das war eine total beschissene Zeit und ich hatte voll den Hass auf meine Mitschüler und auch auf Gott, weil er das alles nicht verhinderte. Dann habe ich mit jemand darüber gesprochen, habe ihm alles gesagt, und das hat mir echt schon mal gut getan. Die Person hat mir gesagt, dass Gott »meine Feinde« auch liebt und dass ich doch mal für sie beten soll. Das fand ich eine Zumutung! Ich habe gesagt, dass ich das bestimmt nicht machen werde! Aber es hat mich doch beschäftigt und ich habe angefangen, für meine Einstellung zu beten, dann nach ein paar Wochen für die zwei Jungs aus meiner Klasse. Leider ist gar nichts passiert und es ging alles so weiter wie bisher. Nach eineinhalb Jahren ist dann das Unglaubliche passiert: Der eine Junge ist weggezogen und der andere hat sein Leben Jesus gegeben und ist Christ geworden. Er hat sich bei mir entschuldigt und wir sind richtige Freunde geworden. Mit der Zeit sogar richtig gute Freunde, bis heute! Für mich war das ein echtes Wunder von Gott und eine Bestätigung, dass er meine Gebete ernst genommen hat. Ich kann jeden sehr gut verstehen, der in der Schule von seinen Klassenkameraden nicht ernst genommen wird. Das tut sehr weh. Aber es lohnt sich echt, an seinem JesusStyle festzuhalten, weil Jesus dich nicht im Stich lässt! Vielleicht kannst du dich auch mit Freunden treffen und mit ihnen zusammen für deine Situation beten. Ich glaube, dass es wichtig ist, die Gemeinschaft von Christen zu suchen, weil so etwas allein ganz schwer auszuhalten ist!

  YourStyle:

- Was verdirbt dir den Spaß an der Schule (Klassenkameraden, Lehrer, Lernen etc.)?

- Wo liegt es an dir selbst und was müsstest du ändern?

> ❤ **JesusStyle:**
>
> • Für welche Schulkameraden möchtest du von heute an besonders beten?
>
> _____
> _____
> _____
>
> • Für welche Lehrer möchtest du von heute an besonders beten?
>
> _____
> _____
> _____

Warum
Schule trotzdem Sinn macht!

»Ich bin früher oft nicht so gut in der Schule klargekommen, jetzt geht es mir viel besser.«

Joel, 14 Jahre

Was hat die Schule mit deinen Träumen zu tun? Auf den ersten Blick vielleicht eine seltsame Frage, auf den zweiten Blick macht sie durchaus Sinn! Gott hat ein großes Interesse daran, dass deine Träume wahr werden, wenn sie im Einklang mit seinem Willen stehen. Er möchte dir bei der Verwirklichung deiner Träume helfen. Er ist in der Schule präsent. Man kann auch dort mit ihm reden – über schlechte Noten, Versagen, Unlust, Lehrer oder über Schulkameraden. Er ist mitten im Klassenraum. Aber es lässt sich auch gut mit anderen zusammen über Jesus reden, z.B. in einem Schülerbibelkreis (SBK). Schau mal nach, ob es so etwas in deiner Schule gibt oder fange damit selbst an. (Dazu gibt's im nächsten Kapitel noch mehr Tipps!)

Manchmal hängen deine Träume und dein Schulalltag näher zusammen, als du denkst. Das entdeckte auch ein 15-jähriger Schüler, mit dem ich mich einmal pro Woche zum Lernen getroffen habe. Er war ziemlich schlecht in der Schule und auch sonst hat ihn nichts so richtig begeistert. Wir haben uns jede Woche für eine Stunde getroffen, miteinander gelernt und über alles Mögliche geredet. Aber unsere Treffen waren ziemlich zäh und der Junge, ich nenne ihn hier mal Mark, war durch nichts zu motivieren. So ging das ungefähr vier Monate. Ich hatte echt keine Lust mehr, weil alles nichts brachte. Egal, was ich auch vorschlug: Mark hatte keinen Bock und in der Schule wurde es immer schlimmer. An einem Nachmittag fragte ich ihn, was denn sein Traum sei. Er schaute mich an und plötzlich sah ich zum ersten Mal ein Funkeln in seinen Augen. Er begann voll Begeisterung zu erzählen, dass er nach Amerika auswandern wolle, um ein neues Leben anzufangen. Nachdem er mit dem Erzählen fertig war, fragte ich ihn, wie er sich denn in Amerika unterhalten wollte? Natürlich auf Englisch, was für eine dumme Frage. Da musste ich ihn an sein katastrophales Englisch erinnern. Als Nächstes fragte ich ihn nach der *Greencard*! Da kannte sich Mark wieder aus: wann man als Deutscher eine Greencard bekommt und wann nicht und was man alles dafür tun muss. Genau, man braucht nämlich einen Job oder zumindest eine Ausbildung! Nur bekommt man ohne Abschluss keine Lehrstelle, ohne Lehrstelle keinen Job und ohne Job keine Greencard. Jetzt waren wir mitten in einer lebhaften Diskussion, und Mark merkte zum ersten Mal, dass sein Traum etwas mit der Schule zu tun hat und dass er nicht für die Lehrer oder die Eltern lernen sollte, sondern für sich und seinen Traum. Es ging nicht mehr um eine gute Note in Englisch, sondern darum, wie er sich später einmal verständigen kann – in seinem Traumland! Das Tolle war, dass Mark gemerkt hat, dass Schule für sein Leben wichtig ist. Das hat sich dann auch auf seine Noten ausgewirkt und er ist in Englisch sogar noch auf eine 3 gekommen.

> ♥ **JesusStyle:**
>
> Wo willst du diese Woche konkret deinen *JesusStyle* in der Schule leben?
> • Nicht abschreiben ❏
> • Nicht schlecht über die Lehrer reden ❏
> • In den SBK gehen ❏
> • Jemandem Nachhilfe geben ❏
> • Mich um die Außenseiter
>   in der Klasse kümmern ❏
> • Mein Lernverhalten/
>   meine Motivation hinterfragen ❏
> • _____ ❏

Schule -
entdecke die Möglichkeiten!

»Ich rede jetzt auch mit den Außenseitern in meiner Schule!«

Lena, 15 Jahre

In diesem Kapitel soll es einige Tipps geben, die du vielleicht ganz praktisch für dich und in deiner Schule umsetzen kannst. Es gibt sicherlich noch viel mehr und vielleicht kannst du deine Tipps ja auch weitergeben. Wir sammeln sie dann und geben sie auf der Homepage weiter (www.jesusstyle.de).

> **YourStyle:**
>
> • Frage dich am Beginn eines Schultages: Wie kann ich heute die Zeit in der Schule sinnvoll nutzen, damit meine Träume wahr werden können?

1. Was du in der Schule mit anderen Christen bewirken kannst:

SBK (Schülerbibelkreis): Es gibt schon an ganz vielen Schulen einen SBK. Christen (und Nichtchristen) treffen sich meist in der großen Pause und reden über Gott, Schule und das Leben. Man betet zusammen und lobt Gott! Ich fand das zu meiner Schulzeit echt super, auch zu sehen, dass ich als Christ nicht allein an der Schule bin, sondern dass es noch sehr viele andere gibt.

PrayDay: Gibt es deutschlandweit einmal im Jahr im November und ist eine längere Zeit am Nachmittag oder Abend. Manche Schulen bekommen auch von der Schulleitung eine Stunde frei, zu der dann alle Schüler eingeladen werden (wie ein Schulgottesdienst). Beim PrayDay liegt der Schwerpunkt darauf, für Mitschüler und Lehrer zu beten. Es ist erstaunlich, wie viele Gebetsanliegen man z.B. in der Woche vorher an der Schule sammeln kann. Toll ist es auch, wenn man einen Special Guest einlädt, der oder die vielleicht eine Andacht hält oder musikalisch etwas zum Besten gibt!

Wo gibt es praktische Hilfe?
Was sagen die Profis zu den beiden Veranstaltungen? Denn da gibt es Leute, die dir helfen wollen, einen PrayDay oder Schülerbibelkreis zu organisieren und zu halten. Das ist doch echt cool. Und das Beste: Die kommen sogar an deine Schule! Zum Bsp. Leute von der SMD (Studenten und Schüler Mission Deutschland):

Wäre das nicht stark, wenn sich die Christen an der Schule treffen, um gemeinsam Gott zu loben, sodass andere dadurch etwas von Gott mitbekommen?

Echt gut, dass es Schülerbibelkreise gibt.

Die Leute von der Schüler-SMD
- geben Materialien rund ums Thema »Christsein in der Schule« weiter.
- möchten dir helfen, wenn du einen Schülerbibelkreis gründen willst.
- stellen dir Ideen und Konzepte für Andachten zur Verfügung.
- haben coole Ideen und Tipps für Aktionen an der Schule.
- nehmen gerne Kontakt mit dir auf durch regionale Mitarbeiter (Reisesekretäre).

Außerdem gibt es
- den **PrayDay** – den Gebetstag für die Schulen,
- im Sommer **Schülerfreizeiten** in Skandinavien und Großbritannien,
- Einblick in eine tolle schulnahe Jugendarbeit in Hamburg, genannt **Chris**

Es gibt Hilfen, wie man so etwas macht. Du kannst dich sehr gerne an die smd wenden. Die Leute reden gerne mit dir und kommen auch an deine Schule! Telefon: (0 64 21) 91 05-20, E-Mail: schuelerarbeit@smd.org.

Internet-Adressen:
www.smd.org/schueler/index.html
www.schuelerarbeit.de
www.schuelerbibelkreis.de

2. Was du in der Schule und in deiner Klasse bewirken kannst:

Manchmal sind es nicht die großen Worte, die JesusStyle sichtbar machen, sondern unser Verhalten. Jesus sagt in Johannes 13,34-35:

So gebe ich euch nun ein neues Gebot: Liebt einander. So wie ich euch geliebt habe, sollt auch ihr einander lieben. Eure Liebe zueinander wird der Welt zeigen, dass ihr meine Jünger seid.

Wie wird diese Liebe in deiner Klasse sichtbar? Wie kannst du diese Liebe ganz praktisch leben? Ich habe ein paar Vorschläge für dich:

- **Nicht mehr abschreiben:** Gleich das Harte am Anfang! Abschreiben ist geistiger Diebstahl und nicht richtig. Was nützt es, wenn wir fromm reden, aber in unserem Verhalten genauso wie unsere Mitschüler leben?

- **MitschülerInnen:** Mit wem rede ich? Über wen rede ich? Mit wem stehe ich in der Pause zusammen? Das sind scheinbar ganz kleine Dinge und trotzdem zeigt sich gerade da mein JesusStyle! Gehe ich auch mal auf die Außenseiter zu? Mache ich bei Lästereien nicht mehr mit! Du könntest Mitschülern, die Schwierigkeiten haben in manchen Fächern, Nachhilfe anbieten!

- **Glauben bekennen im Unterricht:** In vielen Fächern, vor allem natürlich in Religion, gibt es Diskussionen über den Glauben und Möglichkeiten, seine eigene Meinung weiterzugeben. Du bist nicht der Rechtsanwalt Gottes und musst ihn nicht verteidigen, aber du kannst deine Meinung zu verschiedenen Themen sagen. Du brauchst da keine Angst zu haben. Die meisten Lehrer finden es gut, wenn sich Schüler und Schülerinnen mit religiösen Themen auseinandersetzen!

- **Gebet:** Bete für deine Mitschüler und Mitschülerinnen und deine Lehrer! Das verändert nicht nur sie, sondern auch deine eigene Einstellung zur Schule!

3. Wie das Lernen besser klappt:

Schule heißt nun mal Lernen und deshalb habe ich zum Schluss noch ein paar Tipps, wie du dich vielleicht auch beim Lernen verbessern kannst!

Lerngemeinschaften: Suche dir jemand, mit dem du zusammen lernen kannst. Zusammen macht es viel mehr Spaß und man kann sich gegenseitig helfen.

Nachhilfe: Es ist keine Schande, Nachhilfe in Anspruch zu nehmen. Es gibt entweder organisierte Nachhilfe wie die Schülerhilfe – was leider relativ teuer ist – oder du versuchst, dir privat Nachhilfe zu organisieren. Frag doch mal in der Gemeinde oder deinem Jugendkreis, ob es Leute gibt, die in deinem schwachen Fach fit sind und sich ein paar Euro dazuverdienen wollen.

Lernen lernen: Es gibt Hilfen, wie man lernen kann. Oft liegt es nicht an der fehlenden Intelligenz, dass nicht die gewünschten Noten rauskommen, sondern am falschen Lernverhalten, an Prüfungsangst oder an mangelnder Konzentrationsfähigkeit. Es gibt Seminare, die echt helfen und etwas verändern können. Ich halte mit meiner Frau zusammen regelmäßig »Lernstress-Seminare« und wir bekommen ein sehr positives Echo darauf. Solche Seminare gibt es in ganz Deutschland.

 **YourStyle:**

- In welchem der drei Bereiche liegen deine Schwächen? Kannst du dich darin verbessern?

- Überlege dir, was du konkret ändern möchtest und wie das nächste Woche bei dir aussieht:

❤ **JesusStyle:**

Gebet für die Schule:

»Herr, fast täglich gehe ich in diese Schule. Oft sehe ich keinen Sinn und Erfolg in meiner Mühe. Ich habe Angst vor Klassenarbeiten und Prüfungen. Manchmal fühle ich mich von Lehrern nicht ernst genommen, von Mitschülern ausgeschlossen. Hilf mir, meine Angst zu überwinden. Hilf mir, Lehrer und Mitschüler so anzunehmen, wie sie sind. Herr, ich bitte dich, dass sich alle an der Schule Beteiligten dafür einsetzen, unsere Schule zu einem Lebensraum zu machen, in dem sich Schüler und Lehrer wohlfühlen können. Hilf auch mir, dazu beizutragen.
Hilf meinen Mitschülern, die Probleme haben. Gib ihnen Antworten auf ihre Fragen, zeig ihnen einen Ausweg aus ihrer Not. Ich danke dir für alle Möglichkeiten, die mir die Schule eröffnet, für alle Chancen, die Gaben zu entfalten, die du mir geschenkt hast.«
Eckhard Geier [11]

- Schreibe dein eigenes Gebet für deine Schule auf.

JesusWeek 11

In deiner Schule

Seinen JesusStyle konsequent zu leben, ist nicht nur in der Schule manchmal ein Problem für uns. Selbst ein so großer Mann wie Petrus im Neuen Testament hatte damit seine Schwierigkeiten! Petrus war ein anerkannter Apostel, genauso wie sein Kollege und Freund Paulus. Über Jahre haben sie immer wieder zusammen für das Reich Gottes gearbeitet und viel für Gott geleistet. Aber ab und zu sind sie mächtig aneinander geraten, obwohl das bei solchen JesusStyle-Experten kaum vorstellbar ist. Was waren die Gründe? Die Juden hatten im Alten Testament strenge Vorschriften, was das Essen anging, so durften sie zum Beispiel kein Schweinefleisch oder auch kein Kaninchen essen. Dazu kamen Schlacht- und Zubereitungsvorschriften – wie Fleisch beispielsweise gekocht werden durfte (ohne Milch etc.). Na ja, das war alles ziemlich kompliziert und wurde im Neuen Testament für die Christen aufgehoben. Jeder Christ durfte also alles essen, egal wie es zubereitet war (wenn es geschmeckt hat). Viele Judenchristen haben sich aber immer noch an die alten Vorschriften gehalten und somit die anderen verunsichert. Petrus hat sich sehr dafür eingesetzt, dass alle alles essen dürfen, damit es keine Unterschiede mehr gäbe. Aber dann ist Folgendes passiert:

Galater 2,11-14: Eine notwendige Klarstellung
Doch als Petrus nach Antiochia kam, musste ich ihm offen entgegentreten und ihn ernsthaft zur Rede stellen, denn was er tat, war falsch. Nach seiner Ankunft hatte er zunächst noch mit den Gläubigen, die unbeschnitten waren, zusammen gesessen. Als jedoch einige jüdische Freunde von Jakobus eintrafen, hatte er nicht mehr den Mut dazu, weil er die Missbilligung der jüdischen Gläubigen scheute. Daraufhin verhielten sich die anderen Juden genauso heuchlerisch, und sogar Barnabas ließ sich von ihnen beeinflussen. Als ich sah, dass sie sich nicht an die Wahrheit der Botschaft Gottes hielten, sagte ich vor allen anderen zu Petrus: »Wenn du als gebürtiger Jude die jüdischen Gesetze hinter dir gelassen hast und wie ein Nichtjude lebst, warum verlangst du dann von diesen Nichtjuden, die jüdischen Gesetze zu befolgen, die du aufgegeben hast?« [A]

[A] *Dazu wären sie gezwungen, wenn sie weiterhin mit den jüdischen Christen Gemeinschaft halten wollten. Es geht hier um die Reinheits-, speziell Nahrungsvorschriften des Gesetzes, von deren Beachtung für gesetzestreue Juden die Möglichkeit der Tischgemeinschaft abhängt.*

JesusStyle · In deiner Schule

- Was war das Problem von Petrus?
  Warum hat sich Paulus so aufgeregt?

- Was würdest du Petrus raten?
  Wie sollte er sich verhalten?
  Was könnte er gegen seine »Rückfälle« tun?

- Wovor hast du in der Schule »Angst«?

- In welcher Situationen fällst du in der Schule in alte Verhaltensweisen zurück?

JesusWeek:

Triff dich jeden Tag vor der Schule für 10 Minuten mit einer Freundin/einem Freund. Betet zusammen für den Schultag (Mitschüler, Lehrer, Arbeiten, Probleme etc.). Du wirst sehen, dass sich deine Einstellung zur Schule dadurch verändern wird.

Mit wem will ich diese Woche beten?

_____

Kapitel 11:
JesusStyle
. Worldwide .

»Er hatte tiefes Mitleid mit den vielen Menschen, die zu ihm kamen, denn sie hatten große Sorgen und wussten nicht, wen sie um Hilfe bitten konnten. Sie waren wie Schafe ohne Hirten.«

Matthäus 9,36

»Ich denke, wenn du mit Jesus lebst, dann verändert er dich ein kleines bisschen jeden Tag.«
Fiona, 16 Jahre

Jesus
und die Armen

»Ich möchte mit Jesus zusammenleben, um mit ihm Gemeinschaft zu haben. Daraus bekomme ich Kraft, anderen Menschen zu helfen.« Corinna, 14 Jahre

JesusStyle bewegt sich nicht nur in deinem Mikrokosmos (Familie, Schule & Freunde), sondern JesusStyle ist ein weltweiter Style. Jesus hat seinen Auftrag immer für alle Menschen gesehen und so ist es nicht verwunderlich, dass es auf der ganzen Welt Christen gibt. Aber den meisten Menschen geht es nicht so gut wie dir und mir, vielen Menschen geht es sehr schlecht, weil sie nicht einmal das Nötigste zum Essen und Trinken haben. Wir vergessen manchmal, dass es uns so gut geht, und meckern über alles Mögliche, obwohl wir es in Deutschland viel besser haben, als die meisten Menschen auf der Welt:

- Wenn du heute Morgen aufgestanden bist und eher gesund als krank warst, hast du ein besseres Los gezogen als die Millionen Menschen, die die nächste Woche nicht mehr erleben werden.

- Wenn du noch nie in der Gefahr eines Krieges, in der Einsamkeit der Gefangenschaft, im Todeskampf der Folterung oder im Schraubstock des Hungers warst, geht es dir besser als 500 Millionen Menschen.

- Wenn du deine Religion ausüben kannst, ohne Angst haben zu müssen bedroht, gefoltert oder getötet zu werden, hast du mehr Glück als 3 Milliarden Menschen.

- Wenn du Essen im Kühlschrank, Kleider am Leib, ein Dach über dem Kopf und einen Platz zum Schlafen hast, bist du reicher als 75 % der Menschen dieser Erde.

- Wenn du Geld auf der Bank, in deinem Portemonnaie und im Sparschwein hast, gehörst du zu den bevorzugtesten 8 % dieser Welt.

Jesus hat sich immer auch für die Armen und ungerecht Behandelten eingesetzt. Ihm haben die Leute Leid getan, denen es schlecht ging und die gelitten haben. Deshalb identifiziert sich Jesus mit den Ärmsten der Armen. Und nicht nur das: Jesus sagt, dass wir, wenn wir den Hungernden helfen, ihm selbst helfen. Das ist JesusStyle: Denen etwas zu geben, die weniger haben als wir selbst! Das erklärt Jesus ausführlich in den folgenden Versen (*Matthäus 25,31-46*):

Doch wenn der Menschensohn in Herrlichkeit wiederkommt, und alle Engel mit ihm, wird er auf seinem Thron der Herrlichkeit sitzen. Alle Völker werden vor ihm zusammengerufen, und er wird sie trennen, so wie ein Hirte die Schafe von den Ziegen trennt. Die Schafe wird er zu seiner Rechten hinstellen, die Ziegen zu seiner Linken. Dann wird der König zu denen auf seiner rechten Seite sagen: »Kommt, ihr seid von meinem Vater gesegnet, ihr sollt das Reich Gottes erben, das seit der Erschaffung der Welt auf euch wartet. Denn ich war hungrig, und ihr habt mir zu essen gegeben. Ich war durstig, und ihr gabt mir zu trinken. Ich war ein Fremder, und ihr habt mich in euer Haus eingeladen. Ich war nackt, und ihr habt mich gekleidet. Ich war krank, und ihr habt mich gepflegt. Ich war im Gefängnis, und ihr habt mich besucht.« Dann werden diese Gerechten fragen: »Herr, wann haben wir dich jemals hungrig gesehen und dir zu essen gegeben? Wann sahen wir dich durstig und haben dir zu trinken gegeben? Wann warst du ein Fremder und wir haben dir Gastfreundschaft erwiesen? Oder wann warst du nackt und wir haben dich gekleidet? Wann haben wir dich je krank oder im Gefängnis gesehen und haben dich besucht?« Und der König wird ihnen entgegnen: »Ich versichere euch: Was ihr für einen der Geringsten meiner Brüder und Schwestern getan habt, das habt ihr für mich getan!« Und dann wird sich der König denen auf seiner linken Seite zuwenden und sagen: »Fort mit euch, ihr Verfluchten, ins ewige Feuer, das für den Teufel und seine bösen Geister bestimmt ist! Denn ich war hungrig, und ihr habt mir nichts zu essen gegeben. Ich war durstig, und ihr gabt mir nichts zu trinken. Ich war ein Fremder, und ihr habt mich nicht in euer Haus eingeladen. Ich war nackt, und ihr habt mich nicht gekleidet. Ich war krank, und ihr habt mich nicht gepflegt. Ich war im Gefängnis, und ihr habt mich nicht besucht.« Dann werden sie fragen: »Herr, wann haben wir dich jemals hungrig oder durstig oder als Fremden nackt, krank oder im Gefängnis gesehen und dir nicht geholfen?« Und er wird ihnen erwidern: »Ich versichere euch: Was ihr bei einem der Geringsten meiner Brüder und Schwestern unterlassen habt, das habt ihr an mir unterlassen!« Und sie werden der ewigen Verdammnis übergeben werden, den Gerechten aber wird das ewige Leben geschenkt.

Zu diesem Bibeltext gibt es eine alte Geschichte, die ich sehr liebe. Sie ist von einem russischen Schriftsteller namens Leo Tolstoi und bringt die ganze Sache mit Jesus, uns und den Armen auf den Punkt:

Es war einmal ein Schuster, der Martin hieß und in einem Keller wohnte. Durch das kleine Kellerfenster konnte er die Menschen sehen, die draußen auf der Straße vorübergingen. Zwar sah er nur ihre Füße, aber er erkannte jeden an seinen Schuhen. Fast alle diese Schuhe und Stiefel hatte er schon ein paar Mal geflickt und ausgebessert. Er lebte ganz allein in dem Keller, der zugleich Wohnung und Werkstatt war. Seine Frau und alle seine Kinder waren gestorben. »Warum hat Gott mir das angetan«, sagte er eines Tages zu einem alten Bauern. »Ich habe keine Freude mehr am Leben.« »Gott hat es dir gegeben«, antwortete der Bauer. »Wenn du für ihn lebst, wirst du nicht mehr traurig sein.« »Wie kann ich für

Gott leben?«, fragte Martin. »Lies die Bibel, dann weißt du es.« Von diesem Tag an las Martin jeden Abend in der Bibel. Tagsüber arbeitete er fleißig; er nagelte neue Sohlen auf die Schuhe und flickte die geplatzten Nähte. Sobald es jedoch dämmerig wurde, zündete er die Lampe an und holte die Bibel. Je öfter er darin las, desto leichter wurde ihm zumute. Eines Abends war er so müde, dass er über der Bibel einschlief. Am nächsten Morgen schaute er immer wieder aus dem Fenster. Bald sah er ein Paar geflickte Filzstiefel und er wusste, dass es Stephan war, der alte Soldat, der draußen Schnee schaufelte. Martin schlug eifrig Nägel in die Schuhsohle. Weil es ihm aber doch keine Ruhe ließ, schaute er erneut zum Fenster hinaus. Er sah, wie müde der alte Soldat war und wie sehr ihn das Schneeschaufeln anstrengte. »Komm herein, Stephan, und wärm dich in meinem Keller!« Der alte Mann schüttelte den Schnee von den Stiefeln und kam herein. »Setz dich zu mir«, sagte Martin, »und trink ein Glas Tee. Das wird dir gut tun.« Nachdem der Alte den heißen Tee getrunken hatte und fortgegangen war, arbeitete Martin weiter. Nach einer Weile sah er auf der Straße eine junge Frau mit einem Kind auf dem Arm. Die Frau fror in einem viel zu dünnen ärmlichen Kleid und suchte vergeblich ihr Kind vor dem kalten Wind zu schützen. »Komm herein!«, rief ihr Martin zu. »Setz dich an den Ofen, dass dir warm wird.« Er schnitt ein Stück Brot ab, nahm die Suppe vom Herd und füllte einen Teller. Während die Frau aß, nahm Martin das Kind auf den Schoß und spielte mit ihm. Bevor die Frau fortging, holte er seine alte Jacke. »Da! Nimm sie! Ich habe nichts Besseres, aber du kannst zumindest dein Kind darin einwickeln.« Nicht lange danach hörte Martin lautes Geschrei vor seinem Fenster. Eine Marktfrau schlug auf einen kleinen Jungen ein, der einen Apfel aus ihrem Korb gestohlen hatte. »Warte nur, du Dieb!«, schrie sie zornig. »Ich bringe dich zur Polizei.« Martin rannte auf die Straße hinaus. »Lass ihn doch laufen!«, sagte er zu der Frau. »Er wird es bestimmt nicht wieder tun. Den Apfel werde ich dir bezahlen.« Er gab der Frau ein paar Münzen, dann nahm er den Apfel und schenkte ihn dem Jungen. »Du musst dich aber entschuldigen«, sagte er. Der Junge fing zu weinen an. »Ist schon gut!«, sagte die Frau. Als sie weiterging, lief ihr der Junge nach und half ihr, den schweren Korb tragen. Martin kehrte in den Keller zurück und setzte sich an die Arbeit. Als es dunkel wurde, zündete er die Lampe an und schlug die Bibel auf. Martin sah im Licht der Lampe den alten Stephan stehen. Die Frau mit dem Kind war da, der Junge mit dem Apfel und die Marktfrau. Alle lächelten Martin an und verschwanden dann. Martin war glücklich. Er nahm die Bibel und er las auf der Seite, die er aufgeschlagen hatte, wie Jesus sagte: »Ich war hungrig und ihr habt mir zu essen gegeben. Was immer ihr den Geringsten meiner Brüder getan habt, das habt ihr mir getan.«

Unsere Aufgabe ist also ganz praktisch:
- Wir sind die Arme von Christus.
- Wir sind die Beine von Christus.
- Wie sind die Augen von Christus.

- Wir sollen nicht nur fromme Sprüche klopfen, sondern seinen Style leben und Jesus selbst dadurch begegnen.

♥ JesusStyle:

- Schreib mal auf, wem es in deinem Umfeld schlechter geht als dir:

_____

_____

_____

_____

 & YourStyle:

- Was könntest du für diese Personen tun?

- Für wen könntest du die »Arme und Beine« von Jesus sein?

In meiner Nachbarschaft:
- Wo gibt es jemand in der Nachbarschaft, dem du mal im Garten helfen oder einkaufen oder bei dem du babysitten könntest?

In der Welt:
- Wie wäre es, wenn du ein Patenkind mit ein paar Freunden (oder mit dem Jugendkreis) zusammen übernimmst. Für 30 € im Monat kannst du einem Kind in der »Dritten Welt« Essen, Kleidung und Schule bezahlen. Infos gibt es auf:
www.worldvision.de

Jesus
und die Verfolgten

»Ich bin offener geworden und stelle auch meine eigenen Wünsche mal in den Hintergrund.«

Lena, 15 Jahre

Es ist unglaublich, aber es gibt Millionen von Menschen, die wegen ihres JesusStyle verfolgt werden, die ins Gefängnis müssen, ja sogar für ihren Glauben sterben! 164 000 Menschen lassen jedes Jahr ihr Leben für Jesus.[12] Sie sind Märtyrer für Jesus und bezahlen dies mit ihrem Leben. Und Christenverfolgung gibt es viel öfter, als man denkt. Hier eine Top-20-Liste der Länder, in denen es die stärkste Christenverfolgung gibt![13]

01 **Nordkorea**
02 **Saudi-Arabien**
03 **Laos**
04 **Vietnam (Bergen)**
05 **Iran**
06 **Turkmenistan**
07 **Malediven**
08 **Bhutan**
09 **Myanmar (Burma)**
10 **China**
11 **Somalia**
12 **Pakistan**
13 **Afghanistan**
14 **Komoren**
15 **Sudan**
16 **Usbekistan**
17 **Jemen**
18 **Eritrea**
19 **Ägypten**
20 **Aserbaidschan**

Geht mich Verfolgung überhaupt was an?
Als Christen sind wir eine große Familie, mit vielen Brüdern und Schwestern und wenn einige davon leiden, dann geht es allen schlecht, so steht es auch in der Bibel (1. Korinther 12,26-27):

Wenn eines leidet, leiden alle anderen mit, und wenn eines geehrt wird, freuen sich alle anderen mit. So bildet ihr gemeinsam den Leib von Christus, und jeder Einzelne gehört als ein Teil dazu.

Deshalb ist es uns nicht egal, wenn andere Christen leiden müssen. Ich war vor ein paar Monaten auf einer großen christlichen Konferenz. In meiner Arbeitsgruppe waren Christen aus 22 verschiedenen Ländern, unter anderem auch John aus Bangladesch. Wir haben uns gut verstanden und dann abends zusammen gesessen. Er hat mir aus seinem Leben erzählt. Er hat mir berichtet, dass er vor drei Jahren zum Glauben gekommen ist und dass das in seinem Dorf überhaupt nicht gut ankam. Das ganze Dorf kam auf dem Marktplatz zusammen und er wurde von den Dorfältesten zur Rede gestellt. Er erzählte von seiner Begegnung mit Jesus und was der

Glaube für ihn bedeute. Daraufhin wurde ihm ein Ultimatum gestellt: Wenn er innerhalb von 24 Stunden seinen Glauben an Jesus nicht öffentlich leugnen würde, dann würde sein Haus abgebrannt. 24 Stunden später stand sein Haus in Flammen und er wurde wieder auf den Marktplatz geführt. Es gab dieselbe Prozedur, mit dem Unterschied, dass ihm angedroht wurde, dass seine beiden Kinder entführt werden würden. Für John waren das furchtbare 24 Stunden, was für eine schwere Entscheidung. Er entschied sich für Jesus und als er vom Marktplatz nach Hause durfte, kam ihm seine Frau schon schreiend entgegen, die Kinder seien weg. Für John und seine Frau begannen furchtbare Tage und ich merkte beim Erzählen, dass es ihn heute immer noch mitnimmt. Die Nachricht ging durch ganz Bangladesch und alle Christen dort beteten für John und seine Frau. Nach vier Wochen geschah das Wunder. Seine Kinder kamen unversehrt nach Hause zurück. Die Dorfältesten haben John außerdem erlaubt, seinen Glauben für sich selbst zu leben, denn sie haben gesehen, dass sein Glaube unwahrscheinlich stark ist.

Für mich war diese Geschichte sehr wichtig. Bislang hatte ich schon viel von Verfolgung gehört, aber jetzt saß mir ein Freund gegenüber, der das selbst miterlebt hatte. Ich traf auf der Konferenz auch Rita aus China. Sie leitet eine Untergrundkirche in China und hatte ganz ähnliche Erlebnisse mit Gefängnis und Verfolgung wie John.

Ich bin dadurch ganz neu dankbar geworden für unsere Situation in Deutschland: dass wir uns frei treffen, beten und Bibel lesen können. Dass ich jedem von Jesus erzählen kann, ohne dafür verfolgt zu werden. Das ist echt ein riesiges Geschenk!

♥ JesusStyle:

- Wo nutze ich die Freiheit, die ich habe, nicht, um meinen JesusStyle zu leben?

 & YourStyle:

- Danke Jesus für die Freiheit, die du hast.

- Bete für die verfolgten Christen auf der ganzen Welt. Unter **www.opendoors-de.org** findest du eine aktuelle Liste mit Namen von Christen, die zurzeit wegen ihres Glaubens im Gefängnis sitzen!

Jesus
und dein Auftrag

»Ich habe meine Schwester zum JesusStyle gebracht.«

Quirin, 15 Jahre

Jesus hat seine Jünger drei Jahre ausgebildet und ihnen einen Auftrag für diese Welt gegeben. Die Jünger haben den Auftrag wahrgenommen und die Botschaft von Jesus bis nach Europa gebracht. Und so hat sich der JesusStyle über die ganze Welt ausgebreitet, bis zu dir und mir heute! Wir stehen in der Tradition von Jesus und seinen Jüngern und uns gilt heute noch immer derselbe Auftrag (Matthäus 28,18-20):

Jesus kam und sagte zu seinen Jüngern: »Mir ist alle Macht im Himmel und auf der Erde gegeben. Darum geht zu allen Völkern und macht sie zu Jüngern. Tauft sie im Namen des Vaters und des Sohnes und des Heiligen Geistes und lehrt sie, alle Gebote zu halten, die ich euch gegeben habe. Und ich versichere euch: Ich bin bei euch bis ans Ende der Zeit.«

Diese Verse nennt man auch Missionsbefehl. Sie sind für uns Christen von großer Bedeutung, weil sie uns ganz deutlich zeigen, was wir tun sollen. Mission heißt Sendung: Gott sendet seinen Sohn in diese Welt und auch wir sind Gesandte Gottes in dieser Welt! Mission bedeutet in ihrer einfachsten Form, dass ein Absender jemanden mit einem Auftrag losschickt und diese Mission erfüllt werden soll. Dazu muss sie beim Empfänger ankommen. Diese einfache Beschreibung zeigt die Grundaussage des biblischen Missionsgedankens. Gott, der Absender, schickt seine Mission durch seinen Sohn, um die Empfänger, uns Menschen, mit uns und ihm selbst zu versöhnen. Diesen Auftrag von Gott weiterzugeben bedeutet, JesusStyle jeden Tag zu leben. Mission heißt, dass ich JesusStyle lebe und andere an mir sehen, dass Jesus wirklich lebt: An meinem Verhalten und Denken.

Gott hatte von Anfang an einen klaren Auftrag für die Welt. Dies wird in und durch sein Handeln an den Menschen in dieser Welt sichtbar, sowohl im Alten als auch im Neuen Testament, in der (Heils-)Geschichte bis zum heutigen Tag. Die Bibel ist ein Missionsbuch, darin besteht kein Zweifel. Und dieser Auftrag gilt auch uns. Das ist deshalb so wichtig, weil es immer noch Millionen von Menschen gibt, die Jesus und seinen Style nicht kennen und das nicht nur in Asien oder Afrika, sondern hier in Europa, hier in Deutschland, hier in deiner Stadt!

Statistik von Christen in den Ländern Europas:

Die Zahl der gläubigen Christen ist in Europa besonders gering. Patrick Johnstone[14] gibt folgenden Prozentsatz für »evangelikale« Christen an:
- Luxemburg 0,15 %,
- Polen 0,15 %,

- Kroatien 0,18 %,
- Belgien 0,32 %,
- Österreich 0,5 %,
- Frankreich 0,6 %,
- Spanien 0,8 %,
- Irland 0,9 %,
- Portugal 1,0 %,
- Italien 1,0 %,

In Deutschland (**3,2 %**) ist diese Zahl bereits gering – aber in etlichen Nachbarländern noch viel geringer, sodass diese Gemeinden dringend unsere Unterstützung brauchen.

In anderen Ländern gibt es viel mehr Christen als bei uns in Deutschland oder in Europa. Wir waren mal ein »christliches Abendland«, aber das ist schon lange vorbei! Inzwischen können wir viel von anderen Ländern lernen. Dies wurde mir vor kurzem deutlich, als mich ein Kenianer in Stuttgart auf der Fußgängerzone auf Jesus ansprach. Wir kamen ins Gespräch und er erzählte, dass seine Gemeinde ihn als Missionar nach Deutschland ausgesandt hatte – zu den Heiden!

Länder mit einem hohen Prozentsatz Christen:
- Kenia 34 %,
- Chile 27 %,
- Uganda 25 %,
- Guatemala 23 %,
- Papua Neu Guinea 22 % oder
- Brasilien 18 %.

Daran wird deutlich, wie wenig Christen es in Europa gibt. In Indien strömen sonntags über 45 Millionen Christen in die Gottesdienste, um Gott anzubeten (Vergleich: in D sind es 1,1 Millionen evangelische Christen, die in die Kirchen gehen). In vielen Ländern Afrikas kommen täglich neue Menschen zum Glauben. Indien, Brasilien, Korea und Nigeria senden die meisten Missionare weltweit aus und zwar in den Westen! Von Indien aus sind beispielsweise 27 000 Missionare ins Ausland ausgereist. Im Vergleich: Deutschland hat momentan ca. 2800 Missionare ausgesandt!

Was bedeutet das für uns? Ich denke, dass wir die Freiheit, die wir haben, viel besser nutzen müssten. Es geht darum, dass ich den Missionsgedanken von Jesus lebe – da, wo ich bin. JesusStyle heißt Mission! Nicht mehr und nicht weniger! Das bedeutet nicht, dass ich andere Menschen »nur bekehren« will, sondern dass ich ihnen einen Lebensstil vorlebe, der sie hinterfragt und der attraktiv für sie ist. Meine Freunde sollen merken, dass Jesus mich und sie annimmt und dass er mit uns unser Leben gestalten will. Jeden Tag aufs Neue möchte ich ihnen vorleben, dass es bei Jesus nicht um Besserwisserei und Moral geht, sondern um Liebe und Vergebung. Ich glaube, wenn ich das in meinem Herzen begriffen habe und anfange an meine Freunde weiterzugeben, werden sie von ganz allein nach Jesus fragen! Das heißt, dass ich mit allem, was ich bin, mit allen Fehlern und Unzulänglichkeiten, meinen JesusStyle lebe – mit meinem Körper, meinem Geist und mit meiner Seele.

JesusWeek 12

Worldwide

♥ JesusStyle:

- Wo versucht du immer wieder, deinen eigenen Style zu leben?

- Wenn du den gestrigen Tag mit dem deiner Freunde vergleichst, wo liegen die Unterschiede? Warum sollten sie Interesse an Jesus und seinem Style bekommen?

 YourStyle:

Mal ehrlich, hast du wegen deines Glaubens schon mal richtige Nachteile in Kauf nehmen müssen? Wurdest du deswegen schon gehänselt oder sogar geschlagen? Beschreibe deine Erfahrungen kurz:

_____
_____
_____
_____
_____
_____
_____
_____
_____

Meistens ist es doch so, dass wir nicht jeden Tag begeistert von Jesus erzählen und somit auch in der Schule oder bei Freunden nicht besonders auffallen. Was sind eigentlich die Gründe dafür?

- Für welche deiner Freunde möchtest du in deinem Alltag ein Vorbild sein?

- Bete dafür, dass deine Freunde nach Jesus fragen.

- Versuche mal in einem Satz zu beschreiben, was JesusStyle für dich heißt:

1. Ich hab Angst, dass ich mich blamiere und die anderen schlecht über mich denken.
2. Ich bin in meinem Glauben noch sehr unsicher und halte deshalb lieber meinen Mund!
3. Ich möchte nicht zum Außenseiter werden.
4. Ich wäre ein schlechtes Vorbild und deshalb ist es besser, dass die anderen nicht wissen, dass ich Christ bin.
5. Ich kann überhaupt nicht reden, deshalb sag ich lieber nichts!
6. Ich kenne mich noch gar nicht in der Bibel aus, also darf ich auch nichts über den Glauben erzählen.

Was sind deine Favoriten? Welchen der sechs Punkte nimmst du am ehesten, um dir in deinem Kopf eine Entschuldigung zu geben. Das ist es nämlich, eine Entschuldigung, eine Ausrede für das, was wir eigentlich tun sollten. Das wissen wir genau. Jeder möchte gut vor den anderen dastehen, aber woher wissen wir, dass die anderen unseren Glauben blöd finden? Ich habe die genau umgekehrte Erfahrung gemacht, dass Leute mit Charakter gesucht werden und Glaube dir definitiv Charakter gibt! Das, was die meisten Menschen nicht wollen, ist, wenn man sie mit dem Glauben dumm anmacht, so nach dem Motto: »Was ich dich schon immer mal fragen wollte, wo wirst du eigentlich die Ewigkeit verbringen?« Aber darum geht es hier nicht. Es geht darum, unseren JesusStyle in Wort und Tat zu leben und mutig die Situationen zu nutzen, die Gott uns schenkt. Ich sage nicht, dass man dazu keinen Mut braucht, aber es bringt einem in der Beziehung zu Jesus absolut voran.

Außerdem kann man gegen die meisten der sechs Punkte etwas tun. Bibel lesen zum Beispiel, damit man sich besser auskennt, oder seinen Freunden praktisch helfen. An welchem meiner Punkte möchte ich aktiv etwas verändern?

_____
_____
_____
_____
_____

❤ JesusStyle:

Jesus hat seine Jünger und Nachfolger immer wieder losgeschickt, damit sie sich mit den Menschen ihrer Umgebung treffen, mit ihnen Zeit verbringen, ihnen helfen und so das Reich Gottes bauen. Jesus hat sie gut darauf vorbereitet und dann ausgesandt (Lukas 10,1):

Daraufhin wählte der Herr zweiundsiebzig andere Jünger aus und schickte sie zu zweit voraus in alle Städte und Dörfer, die er aufsuchen wollte.
Was auffällt, ist, dass Jesus seine Nachfolger immer zu zweit ausgesandt hat, nicht allein. So konnten sie einander ermutigen und ermahnen, sich gegenseitig helfen und aufbauen. Sie zogen vor Jesus her und ebneten ihm den Weg. Und sie hatten Erfolg, nicht immer, aber oftmals. Sie konnten Menschen helfen und das Reich Gottes bauen. Das lesen wir auch ein paar Verse weiter (Lukas 10,16-17):

Wer eure Botschaft annimmt, nimmt auch mich an. Wer euch jedoch ablehnt, lehnt auch mich ab. Und wer mich ablehnt, lehnt Gott ab, der mich gesandt hat.

Interessant ist auch der Vers 16: Als Nachfolger handeln die Jünger im Namen von Jesus und wie die Menschen mit ihnen umgehen, ist, als hätten sie es mit Jesus selbst zu tun. Jesus vertraut und identifiziert sich absolut mit seinen Nachfolgern, damals und heute. Das entlastet mich total. Ich muss nicht alles selbst machen, sondern bin im Auftrag von Jesus unterwegs. Lehnt mich jemand wegen meines JesusStyles ab, mag mich jemand nicht, dann lehnt diese Person Jesus selbst ab. Es ist nicht in erster Linie meine Sorge! Die Jünger waren nach ihren Erfahrungen »voller Freude«, das wünsche ich dir und mir auch!

JesusWeek:

Schreibe die Namen deiner Freunde und ihre größten Probleme/Nöte auf.
Wo und wie kannst du ihnen helfen?

Name der Freunde	Welches sind ihre größten Nöte/Probleme	Wie kannst du helfen?

Wo kannst du diese Woche anfangen, deinen Freunden zu helfen?

_____
_____
_____

Outro:
Nicht lesen – leben!

»Ja, Herr«, erwiderte Petrus, »du weißt, dass ich dich lieb habe.«

Johannes 21,15

»JesusStyle heißt für mich, dass ich immer wieder zu Jesus zurückkann, egal was für Scheiße ich gebaut hab!«

Benjamin, 20 Jahre

JesusStyle – YourStyle – JesusWeek – so viele Worte, so viel gelesen – was bleibt? Ich hoffe, dass dir beim Lesen wichtig geworden ist, wer Jesus ist und was er mit dir und deinem Leben vorhat. JesusStyle ist ein Lebensstil und deshalb gehören Höhen und Tiefen (was du in den letzten Wochen wahrscheinlich selbst erlebt hast!) dazu. Manchmal läuft es super mit Jesus und manchmal scheint er so weit weg. Es ist bei Jesus kein Problem, zu versagen oder Fehler zu machen. Mir geht es jedenfalls oft so, dass ich Fehler mache, in alte Verhaltensweisen zurückfalle oder anfange zu zweifeln. Aber das Gute ist, dass ich weiß, dass Jesus mich trotz allem liebt und ich jeden Tag neu zu ihm kommen kann. Du kannst auch immer zu Jesus zurückkommen, egal was war! Das ist genau sein Style! Das hat Jesus seinen Jüngern damals immer wieder vorgelebt. Ein Lieblingssatz von mir ist von Petrus. Er hatte nach drei Jahren intensivstem JesusStyle Jesus verraten. Nachdem alles vorbei war, kam Jesus auf Petrus zu, er hielt ihm keine Moralpredigt, sondern fragte ihn nur: »Petrus, hast du mich lieb?« Und Petrus antwortete: »Ja, Herr, du weißt, dass ich dich lieb habe!« Besser kann man JesusStyle nicht ausdrücken! Und Jesus vergibt ihm und gibt Petrus einen neuen Auftrag, als wenn nichts gewesen wäre! Eine tolle Geschichte (nachzulesen in Johannes 21,15-17), die ich immer wieder selbst erlebe.

Ein Leben mit Jesus, egal was kommt! Das wünsch ich dir!

JesusStyle – weil du es **ihm** wert bist!

P.S. Deine Meinung und deine Erfahrungen sind gefragt: unter www.jesusstyle.de!

Anmerkungen

[1] Text und Musik: Tobias Gerster © 1995 Gerth Medien Musikverlag, Asslar

[2] J. Stalken, *Imago Christi*, London 1907, S. 275

[3] Dietrich Bonhoeffer war Christ und hat im Dritten Reich aktiv Widerstand gegen den Nationalsozialismus geleistet und sich somit gegen die Staatsgewalt und die Regierung gestellt. Er war in der Planung des Anschlags auf Hitler beteiligt und bezahlte sein Engagement nach 18 Monaten Gefängnis mit dem Tod.

[4] Dietrich Bonhoeffer: Widerstand und Ergebung © by Gütersloher Verlagshaus, Gütersloh, in der Verlagsgruppe Random House GmbH, München

[5] Zitate aus Explore (Hg. Göttler u.a.), Born Verlag, 2004

[6] Martin Pepper, © 2000 mc-peppersongs, Berlin

[7] Nach Hall, F. W.: *Comparison to Classical Text*, Clarendon Press, Oxford.

[8] Apostelgeschichte 1,14

[9] Apostelgeschichte 2,42

[10] 2. Timotheus 4,11; Philipper 1,24; Kolosser 4,10

[11] Leider konnte hier die Quelle nicht mehr zweifelsfrei festgestellt werden. Für Hinweise ist der Verlag dankbar.

[12] www.lebensquellen.de

[13] www.opendoors-de.org

[14] Gebet für die Welt, © Copyright der deutschen Ausgabe 1994 by Hänssler Verlag, D-71087 Holzgerlingen

NOTES · JESUSSTYLE

JesusStyle · Notes

NOTES · JESUSSTYLE

JesusStyle · Notes

Notes · JesusStyle

JesusStyle · Notes

Ute Mayer (Hrsg.), Tobias Faix (Hrsg.)
Nur für Jungs

Pb., 13,5 x 20,5 cm, 144 S.
Nr. 394.913, ISBN 978-3-7751-4913-6

Direkt und ehrlich werden Fragen, die Jungs brennend interessieren, gestellt und beantwortet.

Gerade Jungs im Alter zwischen 13 und 17 Jahren fällt es schwer, über ihre Schwierigkeiten zu reden, stattdessen verschanzen sie sich hinter coolen Sprüchen. Das heißt jedoch nicht, dass sie sich nicht nach konstruktiver und für ihre Situation passender Hilfe sehnen. Die Autoren in diesem Buch sprechen genau in das Leben von Jungs hinein – mit kurzen Themeneinheiten und witzigen Illustrationen, die zum Lesen motivieren. Ein informativer Ratgeber für die »schwierigen Jahre« des Erwachsenwerdens – für Teens und für die, die sich in der Teenagerarbeit einsetzen.

Bitte fragen Sie in Ihrer Buchhandlung nach diesem Buch!
Oder schreiben Sie an: Hänssler Verlag im SCM-Verlag GmbH & Co. KG, D-71087 Holzgerlingen.

hänssler

Max Lucado
Y.E.S.

Tb., 224 S., Nr. 393.958, ISBN 978-3-7751-3958-8

Die Liebe Gottes gilt für dich ganz persönlich. Diese spannenden Geschichten und Erlebnisse zeigen dir, dass Gott dich wirklich liebt ... Ein Buch, das Pep hat! Schlag es einfach auf! Y.E.S. – You're eternally secure (dt.: Du bist für die Ewigkeit gerettet) – ist die Jugendausgabe des Bestsellers »Weil du es ihm wert bist«.

Max Lucado
Ein Geschenk für Dich

Tb., 48 S., Nr. 393.767, ISBN 978-3-7751-3767-6

Geschenke sind im Allgemeinen etwas sehr Schönes. Sie drücken den Wert aus, den wir in den Augen des Gebers haben, sie zeigen Liebe und Verbundenheit. Oft überraschen sie uns. Manchmal rühren sie uns zu Tränen.
Haben Sie sich schon einmal gefragt, was Sie Gott wert sind? Ob er Ihnen etwas schenken möchte? In diesem Buch können Sie es erfahren. Lassen Sie sich von Gott überraschen!

Bitte fragen Sie in Ihrer Buchhandlung nach diesen Büchern!
Oder schreiben Sie an: Hänssler Verlag im SCM-Verlag GmbH & Co. KG, D-71087 Holzgerlingen.